3日でわかる法律入門

はじめての
破産法

第5版

尾崎哲夫 著

自由国民社

はじめに──法律をみんなのものに

❖私たちと法律

「法律は難しい」というイメージがあります。

また「法律は専門的なことで，普通の人の普通の生活には関係ないや」と思う人も多いことでしょう。

しかし，国民として毎日の生活を送るかぎり，いやおうなしにその国の「法律」というルールの中で生きているはずです。

クルマに乗れば，道路交通法に従わなければなりません。

商取引は当然，商法などの法律の規制の下にあります。

私達はいわば法の網の目の中で，日々の生活を過ごしているわけです。

法律の基本的な知識を持たずに生活していくことは，羅針盤抜きで航海するようなものです。

❖判断力のある知恵者になるために

法律を学ぶことには，もう一つ大きな効用があります。

法律を学ぶと，人生において最も大切な判断力が養われます。

ともすればトラブルを起こしがちな人間社会の生活関係において，そこに生じた争いごとを合理的に解決していく判断力を養うことができます。

たとえば，学生が学校の銅像を傷つけたとします。

判断力のない小学生の場合，次のような反応をします。

「えらいことをしてしまった。叱られるかな，弁償かな」

でも法学部の学生なら，次のような判断ができるはずです。

「刑法的には，故意にやったのなら器物損壊罪が成立する」

「民法的には，故意／過失があれば不法行為が成立する。大学は学生に対して損害賠償請求権を持つ」

このように判断した後ならば，次のような常識的判断も軽視できません。

「簡単に修理できそうだから，問題にならないだろう。素直に謝って始末書を出せば平気かな，わざとやったわけではないし」

❖破産法について

さて，破産法は，文字通り破産について定めた法律です。

昨今，自己破産や企業倒産が増加する中，一般の人々にも脚光を浴びつつある法律です。

憲法は国の基本法です。しかし，現実には民法が法律の中心であるといえます。そしてその手続法が民事訴訟法であり，その民事訴訟法の重要な派生が破産法です。

破産法を制することは，民事訴訟法をマスターすることであり，さらに，民法を征服することであり，最終的には法律を理解することにもつながります。

❖誰でもわかる法律の本を

ところが従来の法律の本は，破産法にかぎらず専門的すぎてわかりづらいものがほとんどでした。法律はやさしいものではないのだから，読者が努力して理解するものだ，という発想があったことは否定できないと思います。

かなり優秀な法学部の学生や基礎的知識のある社会人などを対象として，筆者が思うままに書き進めるパターンが支配的だっ

たように思われます。

　しかし法律をみんなのものにするためには，理解しようとする人なら誰でもわかる本を書いていかなければならないと思います。

　失礼な表現かも知れませんが，**平均以上の高校生が理解できるように書き進めました**。高等学校の公民＝政治経済の授業で平均以上のやる気のある高校生に対して，黒板で説明していくつもりで書いていきました。

　一人でも多くの方がこの本をきっかけに法律に親しみ，判断力を養い，法律を好きになっていただければ，望外の幸せであります。

　自由国民社はできるだけわかりやすい法律の本を，安く提供することに努力を傾けてきた出版社です。自由国民社のこのシリーズが長く愛読されることを願ってやみません。

　　令和2年2月吉日

尾崎哲夫

　〈付記〉

　編集担当者として努力を惜しまれなかった自由国民社の竹内尚志編集長に心から御礼を申し上げます。竹内氏の能力と情熱がなければこの本はできなかったことでしょう。

この本は破産法とそれに関係する民法などの法律に対応しています。

この本の第1時間目から第10時間目までで，破産法のルールを順を追って解説しています。

そしてこの本の第0時間目は「序論」として，一番前に持ってきました。破産法とは何を目的とする法律で，どんな位置を占めるものかという基本事項を説明します。

それぞれのページの中で出てくる条文のうち，参照しながら読んでほしいものは，そのページか前後のページの下の方に載せてあります。

破産法

破産者財産の公平な分配

破産能力と破産手続開始の原因

破産手続開始の決定

破産財団

破産債権

破産手続の進行

破産手続開始前の法律関係の整理

財団債権

別除権・取戻権・相殺権

否認権

破産者の再出発

免責・復権

なおこの本の内容は，令和2年1月1日までに公布された法令にもとづいて書かれています。

記憶すべきまとまったことがらについては，黒板の中に整理しました。試験対策として使えるはずです。

試験対策でなくてもある程度の基本事項を記憶していくことは，さらに勉強を進めるにあたって，重要なことです。

覚えるほうがよいと思われる事項については，黒板のまとまりごとに記憶し，次のステップに対する準備としてください。

また，さくいんもつけてあります。それぞれご利用ください。

❖破産法に関する本

⑴『プレップ破産法』徳田和幸著（弘文堂）
⑵『破産法・民事再生法』伊藤眞著（有斐閣）
⑶『新・論点講義シリーズ3 破産法』小林秀之，齋藤善人著（弘文堂）
⑷『倒産処理法入門』山本和彦著（有斐閣）

❖法律一般に関する本

⑴『図解による法律用語辞典』大須賀明ほか著（自由国民社）
　　法律用語をやさしくかつ専門的に網羅
⑵『法律の抜け穴全集』法律書編集部（自由国民社）
　　短編小説の面白さで法律の急所がわかる
⑶『江戸の訴訟』髙橋敏著（岩波書店）
　　江戸時代の訴訟状況が、具体的事例を通して興味深く書かれている
⑷『ドキュメント裁判官』読売新聞社会部著（中公新書）
⑸『ドキュメント検察官』読売新聞社会部著（中公新書）
⑹『ドキュメント弁護士』読売新聞社会部著（中公新書）
⑺『法律用語ハンドブック』尾崎哲夫著（自由国民社）
⑻『法律英語用語辞典』尾崎哲夫著（自由国民社）

もくじ

本文デザイン──中山銀士

0時間目
序論
破産法とその周辺

企業の倒産

❖企業の活動と資金調達

　市民法原理が支配する民事上の法律関係においては，私人は自らの意思に基づいて契約を締結し，債務を負担するのが原則です。債務を負担しようとする者が自分の資産や能力などに基づいて自らの支払能力を見極め，支払能力の範囲内で債務を負いさえすれば本来問題が生じることはないように思えます。しかし，企業の活動には，設立時のみならず，企業を維持・運営するために多額の資金が必要です。

　設備投資，仕入資金，事務所や店舗の家賃，従業員の給料・ボーナス，運転資金と呼ばれる必要経費など，非常に多くの費用がかかります。

　そして，これらの出費のすべてを現金でまかなえる企業は少なく，ほとんどの企業は多かれ少なかれ，借入れや掛け買いといった手段でこれらの資金を調達しています。すなわち，多くの企業は程度の差こそあれ，借金ないし負債を日常的に負っているということになります。

　とくに日本では，商品仕入れや原材料購入代金の多くが，約束手形という信用性有価証券で決済される場合が多いのです。

❖倒産とは

　企業に借金や負債があったとしても，負債の額が企業の経営規模に見合い，営業活動が順調である限り，定期的な返済が行われるので大きな問題とはなりません。しかし企業の売上げが長期的に不振となったり，企業の負債が営業規模に照らして巨額なものになると，負債は長期にわたって返済されず，新たな借入れも困難となります。企業がこのような状態に陥ると，も

はやそのまま経営活動を続けることは事実上困難となります。

　そして企業の経営活動の実質的な行き詰まりが外部の者の目にも明確に明らかになったとき，一般にその企業は倒産したという判断が下されたことになります。

　ちなみに，倒産という言葉は法律用語ではなく，経済用語または世俗的な用語です。新聞などで「事実上倒産した」という表現を目にしますね。これに対して，破産は法律上の用語です。

　ただし，日常会話の中では，破産という言葉が法的な用語としてではなく，「行き詰まり」や「倒産」を意味する世俗的な用語として使われることもあります。　　倒産≠破産

> **倒産**
> **企業の経営が事実上行き詰まること**
> **＊事業の行き詰まりが法律に基づいて裁判所に認定されるまでは，倒産ではあっても破産ではない。**

　企業の行き詰まりが外部的にも明らかになる場合としては，企業が2回目の不渡手形を出し全国銀行協会に加盟している銀行から以後の取引を拒否される場合＝銀行取引停止処分（当座預金取引と貸出取引を2年間行わない）が代表的な例です。

　企業の多くは仕入資金や運転資金を借入れや手形決済などの信用手段に頼っているので，銀行取引が行えなくなることは，もはやそれまでの営業活動サイクルを継続できなくなることを意味します。

　また，経営がにっちもさっちもいかなくなったことを企業自らが表明する場合もあります。これも社会的には企業の倒産と

して認知されることになります。この場合，破産などの法的手続が倒産の表明と同時に申し立てられることも少なくありません。しかし，前述のように事実としての倒産という現象と，法的な破産という手続は別個の問題ですので，注意して下さい。

● 2 ●
私的整理
❖私的整理とは

倒産した企業は人間で言えば，いわば瀕死の重傷や病気によって通常生活を営むことができなくなった重篤患者のようなものです。

もっとも倒産したとはいえ，企業は引き続き私的自治の原則に従って債権債務その他自らの法律関係を規律できます。

倒産によって，権利能力や行為能力が当然に制限されるわけではないので，これは当然のことです。

したがって倒産後の後始末といえどもやはり契約自由の原則に従って行われるのが，私人間の法律関係は私的自治に従って解決すべしという原則に忠実だといえます。

★私的自治の原則による倒産処理

実際，倒産後の処理の多くは，私的自治の原則に従い企業経営者と債権者の話し合いと合意によって後始末が行われています。倒産企業について，なんとか今後も営業を継続させていくという合意が経営者と債権者との間で成立すれば，それまでの債務を猶予・免除したり債権者による新たな投資が行われるなど，企業再建の途が模索されることになります。

一方，もはやいかなる意味でも営業の継続は困難だと判断されれば，その企業はいよいよ消滅することとなり，残った財産

は全て債権者への弁済に充てられることになります。もちろんこの場合，倒産企業の全ての残余財産を合計しても，債務合計額には届かないのが通常です。

　どの債権者にいかほどの弁済をするかのさじ加減については，やはり企業経営者と債権者との話し合いと合意によって決めるほかありません。このような，経営者と債権者との話し合いによって営業継続困難な倒産企業の債権債務の後始末を行うことを，私的整理と呼びます。

私的整理
倒産し再建が困難な企業の債権債務の処理を，経営者と債権者の話し合いと合意に基づいて行うこと。

❖私的整理の要件・効果

(1)全債権者の合意

　私的整理は，債権者が債権の一部の満足を得ることで妥協し，残りの債権を猶予したり放棄することがその中心要素です。

　債権の処分は，債権者だけがその意思に基づいて行うことが可能ですから，全ての債権の帰趨を決め，全体としての私的整理を成立させるには債権者全員の同意が必要ということになります。債権者の一人でも債権の放棄や免除に合意しなければ，全体としての私的整理は成立しません。

(2)債権者集会，債権者委員会

　一般には，債権者全員の合意を得る手段として，原則として債権者全員が出席して行われる債権者集会が開催されます。債

権者集会で私的整理についての大筋の合意が得られれば，細目については債権者の一部の者で構成される債権者委員会に委任されるのが通常です。

(3)私的整理の成立

　倒産企業の債権債務の処分について債権者全員の合意が整えば，全体として一つの私法上の契約として成立することになります。一種の和解契約あるいは信託契約が成立したと考えられるのです。

　そして企業財産の売却や各債権者への現実の弁済は，いずれもその契約の履行により行われることになります。

❖私的整理の実際と弊害

　私的整理は，再建困難な倒産企業の整理を私的自治の原則に従って行うもので，最終的な整理の決着までが非常に短時間で済み，これといった費用もかからないという大きな利点があります。もっとも，話し合いと合意とは言っても，きちっとした担保を取っている一部の債権者を別にすれば，それは多数の債権者が自分の債権だけは一円でも多く回収しようとしのぎを削る修羅場の様相を呈することもまれではありません。

　実際に行われたある私的整理における債権者集会の議事録をみてみましょう。

20xx 年 10 月某日 AM 10：00　　　○○製作所事務所において。

　(工場内の製品や機械，事務所内のコピー機その他の事務用品は，すでに早朝一部の債権者が勝手に持ち去ってしまい，工場も事務所もガランとしている。)

　(社長) このたびは低価格輸入品のあおりを受け，本日第 2 回目の

不渡手形を出し，これ以上弊社の営業を継続することが不可能となりました。全てひとえに社長である私の不徳のいたすところで，債権者の皆様にはなんとお詫びを申し上げてよいか…。

　(債権者一同)　謝って済むかいっ。先々月から支払いが滞ったままやないか。われわれの債権はどないしてくれるんや。今すぐこの場で返済せえ。首くくったくらいで済む思たら大間違いやぞ！！

　(社長)　今すぐ債務の全てを返済することはとても不可能ですが，少しずつ一生かけてでも必ずお返ししたいと…(涙)。

　(債権者一同)　アホー，カッコつけとる場合か！！　お前おとついもミナミで羽振りよう遊んでたやないか。どっかに隠し財産があって，それ持ってトンズラするつもりやったやろ(怒号)。まず一切合切の財産全部ここに並べんかいっ。話はそれからや。

　(社長)　いや，誓ってそのようなことは…，決して…。

　(債権者A)　まあ，まあ，皆さん落ち着きなはれ。社長も払わんゆうてるわけやないんやから，もう少し前向きに話し合おうやないか。いきなり一切合切出せいわれても，そら無理やろ。

　わしはこういう者やけど(と言って，債権者全員に代紋入り名刺を配り始める。)，どうやろ，ひとつここはわしに任せてもらえんやろか。決して皆さんに悪いようにはせえへんから。

　ひとまずわしの方で財産を全て洗い出して目録作って，社長に売却と弁済の計画立てさせるさかい。

　私的整理は，多数の債権者の言い分を譲歩させまとめていかなければなりませんから，その中心となる人物は必ず必要ですが，その者の資質や選出方法の公正さが必ずしも保証されていないという欠点があります。引き続き，議事録を見ましょう。

　(社長)　私はAさんとは長いお付き合いですが，人格，信用ともに

優れた方で，Aさんにお任せすれば間違いないと思います。私はAさんを信頼して全てお任せします。皆さんもAさんにお任せいただけないでしょうか。私も皆さんを裏切るようなことは決してしないとお約束します（涙）。

（債権者A）社長がここまで言っとるんや。ひとつここは社長の顔立ててやらな男やないで。なあ，皆さんもそう思うやろ。

（債権者一同）…。

（債権者A）それじゃ，異議なしってことでよろしいな？　そしたら，今からわしが債権者委員長やから，これから配るわしへの委任状に署名捺印してもらったら，今日のところは皆さんお引き取りいただいて結構や。後でこちらから連絡するさかい。

（債権者B）あのう…。うちは金額も大きいし，すぐに全てお任せするというわけにはいかんのです。ですから，今日委任状出すいうのはちょっと…。

（債権者A）なんやとー，お前さっきわしが異議ありませんな聞いたときに何も言わなかったやないか。異議言わんゆうことは賛成ゆうことなんや。もう決議は成立したんや，今ごろガタガタゆうても遅いわい。お前一人がグダグダゆうとるために，皆に迷惑かけとるんやぞー。ええかげんにしたらんかい！！　はよ委任状出さんか。

（債権者B，渋々委任状を提出して引き上げる。他の債権者も引き上げ，部屋には社長と債権者Aだけが残る。）

（債権者A）社長，あんじょう追い返したったからな。後で勝手なことするんやないで。そりゃそうとズラかるの今晩やろ？　現金は持てるだけ持って逃げたらええからな（…どうせなんぼも残ってないやろ）。これは債権者委員長の温情や。その代わり工場と事務所の売却はわしの方でやらしてもらうからな。

（社長）えらいお世話になりました（…って何で俺が礼言わなあかんねん）。

全ての私的整理がこのように行われるわけでは，もちろんありません。むしろ大多数の私的整理は，平穏かつ迅速にその目的を達して終了すると言ってよいでしょう。

　しかし，私的整理がともすれば債権者間の公平を欠いたり，良からぬ第三者の介入を招くという短所を持っていることは否めません。また，議事録にもあるように，一部債権者が抜け駆けで弁済を受けたり経営者が会社財産の一部を隠匿するような行為を，私的整理では十分に防止することができません。

私的整理の長所と短所
長所
①整理に時間を要せず，費用も安くあがる
②契約自由の原則により，どのような処理をしようと自由
短所
①債権者が一人でも反対すれば成立しない
②第三者の不正な介入や債権者間の不公平が生じやすい
③債権者の違法な自力救済に対して無力

●3● 破産法による手続

　そこで，このような私的整理の弊害を避けるために，裁判所の関与のもとで債権者間の公平をはかりながら，倒産企業の財産を分配する法的手続が必要になってきます。

　これが破産法の定める破産手続です。

❖破産者財産の公平な分配

　私的整理に任せてはおけないと考えた債権者が裁判所に破産手続の開始を申し立てれば，もはや私的整理は認められません。

　そして，通常は弁護士の資格を持つ者が破産管財人に就任し，裁判所の監督のもとで全債権者に公正な債務の弁済を行います。そればかりではなく，倒産と前後して行われた一部の債権者に対する抜け駆け的弁済や経営者の財産隠しのような行為も効力を否定されます。そして，取り戻された財産はこれも全債権者のための公平な弁済に充てられることになります。

　前出の議事録の事例において，債権者委員長一任の委任状を出してしまった債権者Bも，私的整理が信用できないと考えれば，破産手続によって公平な財産の分配を受けることができるのです。

　この権能を**否認権**といいます。民法上の詐害行為取消権（民法424条）をより強力にした権能で，破産法の主要な制度の一つです。

❖債務者の再出発

　破産手続は，債権者のみならず，経営に行き詰まった企業自身からもその開始を申し立てることができます。これは，債務者にも破産手続による利益があることを意味しています。

　かつて破産とは，債務者にとって不名誉と不利益以外のなにものでもありませんでした。債務者の意思による破産手続の利用が法律上は認められていても，実際上は自らこれを申し出る者はほとんどいませんでした。

　しかし現在は，破産に対する社会の意識がだいぶ変化し，債権者による強引な取り立てから逃れたり，債務者が再起をはかるための制度として，債務者のイニシアチブで破産手続が利用

されるケースが増えてきました。

いわゆる消費者破産はその典型ですが，今日では企業破産でも事情はあまり異なりません。

ところで，破産手続に何を期待して，債務者は自ら破産を申し立てるのでしょうか？

(1) 過酷な取り立ての防止

企業が倒産すると，そこに一種の無法状態が生じやすく，債権者の債務者に対する不必要な圧迫や危険が生じかねません。

経営者を監禁したり，恐喝まがいの債権回収が行われるおそれがあります。

倒産した債務者としては，債務の処理を破産管財人や裁判所に委ねることにより，このような圧迫や危険を避けることができます。

(2) 破産者への再チャンスの付与

倒産時に企業に残された財産は，全債務を弁済するには遠く及ばないのが通常です。したがって，公平に債権者に財産を分配した後も，破産者の債務はなお残ることになります。これらの残債務についても，企業が自らの意思に基づいて負担した以上，その企業が存続している限りは必ず完済させるべきだという考え方も成り立つでしょう。

しかし，債務者が自らの意思で債務を負ったことが倒産の原因とはいえ，そもそも企業の経営それ自体が常に債務負担や倒産のリスクと隣合わせの行為です。企業経営にはこのようなリスクがある一方，他方では雇用を創出するなど社会的に有益かつ不可欠な営みであることも，またまぎれもない事実です。

自ら進んでリスクを負い，雇用を創出するなどの社会的貢献

も果たしてきた実績のある経営者に，いつまでも過去のばく大な債務を延々と支払わせ続けるのはいかがなものでしょうか。それよりも，ある時点で過去の債務負担にケリをつけて社会的・経済的な再起のチャンスを与え，再び社会貢献を行ってもらうほうが，より合理的な思考だと言えないでしょうか。

このように，一定の要件を満たした破産債務者に免責を与えて，再起を促すことも，破産法の大きな目的の一つです。

破産制度の存在理由
①債権者間の公平確保
②債務者への無用な圧迫排除と再起促進

●4●
破産法と他の法律の関係

破産手続は，破産法という法律に従い終始裁判所の関与のもとに進行する一連の法的手続です。

❖民事訴訟法との関連性

多くの大学では，破産法は民事訴訟法の関連科目として講座が設置されています。それは破産手続が，一貫した裁判所の関与のもとで行われる民事上の手続であることが大きな理由です。

また，債務者が破産さえしなければ，債権者は通常の民事訴訟や民事執行の手続に従って自己の権利を実現することができたのですから，破産法とは民事訴訟法や民事執行法の，債務者が倒産した場合における特則だという見方もできます。

❖会社法との関連性

　その他の法律との関連では，会社法と民法との関連性を見逃してはなりません。とうてい返せなくなるほどの多額の債務が発生するケースというのは，商取引かそれに関連した連帯保証が原因である場合が一般的です（近時の消費者破産の傾向はそうとは断言できませんが）。

　破産手続も，企業倒産の後処理手続として発展してきたという経緯があり，企業の私法的側面を規律する会社法との関連性は密接です。

　現在では破産手続の対象は企業に限られてはいませんが，企業倒産の処理という側面は，依然として破産手続の想定するケースの大部分を占めているといえます。

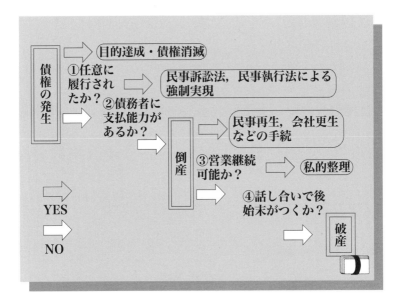

❖民法との関連

　破産手続によって破産者の財産の分配を受けることができる債権者の権利が，民法その他の実体法によって生じる権利を根拠としていることは言うまでもありません。その意味では破産法は，実体法上の権利を現実化するという権利実現機能をも持っています。

　また，私的整理という私的自治原理に従った倒産処理方法が認められている一方，破産法とは，私的整理に任せておいたのではその弊害が著しい場合に開始される公的な手続です。したがって，私的自治を修正し補充する制度という側面があるということも常に念頭に置いておく必要があります。

●5●
消費者破産

❖消費者破産とは

　破産法の具体的な議論を行っていくうえで避けることのできない問題が，いわゆる消費者破産の増加という問題です。

　消費者破産とは，日常生活上の消費を原因とする債務を多額に背負った個人が，債権者の執拗な取り立てから逃れて免責制度を利用するために申し立てる破産手続をいいます。

　自己破産という用語もよく使用されます。債務者自ら破産手続を申し立てることをいいます。世俗的には消費者破産とほぼ同義で用いられています。

❖消費者破産の特殊性

　消費者破産は，破産者が企業や商人ではない一消費者であり，負債が事業によって生じたものではない点に特徴があります。したがって消費者について破産手続が開始されたとしても，こ

れといった財産は何もない場合がほとんどで，破産制度の大きな目的の一つである債権者への財産の分配を行う余地はあまりありません。

　つまり，もう一つの破産制度の目的である免責制度の利用のみのために破産手続が行われる点に，消費者破産の特殊性があります。

　破産法が典型的に念頭に置いているのは，事業のために自らのリスクで債務を負った企業者が，何らかの事情によって負債を弁済できなくなったと言うようなケースです。

　経営者や連帯保証人として事業のリスクを負ったわけでもない者に安易に免責手続の利用を許すことは，借財に対する社会的モラルの低下の原因となるという批判は，根強く存在しています。

　そして，破産法の改正議論や実務の運用レベルでは，消費者破産の特殊性がかなり意識されていると言えます。

消費者破産の特徴
①債務の原因が，事業から生じたものではない
②債務者にみるべき財産がなく，債権者への分配が不可能

1時間目
破産者財産の公平な分配①
破産能力と
破産手続開始の原因

❶▶ 破産能力

●0●
はじめに

　破産制度とは，私法上の法律関係に必然的ないし本質的な制度というよりは，債権者間の公平や債務者の再起という政策的な目的のために創設された趣の強い制度です。したがって，全ての者に一律に破産制度を適用する必然性はなく，破産者となることができる者の範囲も，破産制度趣旨に沿って決められることになります。これを破産者となることができる一般的な資格と捉えて，破産能力と呼んでいます。

●1●
自然人

　全ての自然人には破産能力があります。破産法には明文の規定がありませんが，現行破産法がとくに自然人を対象外としていないことから (破産法13条，民訴法28条)，自然人も破産者となり得ると考えられています。このことは今でこそ当然のことのようにも思えますが，かつて破産手続が商法典で定められていた時代には，破産能力を有する自然人は商人に限られていました。これを**商人破産主義**といいます。

　しかし，商人ではない自然人についても，自己の財産をもって借財を返済し切れない破綻状態があることが認識されるようになりました。その場合には，債権者間の公平や債務者の再起の必要性はやはり考慮されねばなりません。そこで，現行の破産法は，原則として，全ての自然人に破産者となる資格を認めることとしているわけです。これを**一般破産主義**といいます。

　原則として全ての自然人に破産能力が認められるとしても，日本国籍を有しない債務者が日本国内で支払不能に陥った場合において破産制度を適用すべきかどうかについては議論の余地があります。破産制度が，破産者や債権者の私的な利害得失のみに関する事柄であれば，外国人を内国人と区別して取り扱い，外国人には破産能力がないとすることにも理由がないではありません。

　しかし，債権者間の公平や破産者の再起といった事柄は，たんに債権者や破産者の私的利害のみに関わるだけではなく，国家的に維持すべき公の秩序ともいうべき内容を含んでいると言えます。

　このような理由から，今日では外国人についても無条件で破産能力を認める見解が一般的だと言えます。

自然人の破産能力
①商人であると非商人であるとを問わず破産能力が認められる
②外国人についても無条件で破産能力が認められる

●2●
法人

　法人については，社団法人と財団法人，営利法人と非営利法人，公共の利益に関する法人＝公法人と私法人とを問わず，破産能力を認めるのが一般的な見解です。ただし，公法人のうち国や地方公共団体については，その極度の公益性と存続性から破産能力は認められません。

法人格なき社団（権利能力なき社団）

　未だ法人として設立されてはいないが，団体として構成員から独立した実体が認められるいわゆる法人格なき社団についても，破産能力が認められます（破産法13条，民訴法29条）。

❷ ▶ 破産手続開始の原因

●0●
はじめに

　破産手続は，債務者がもはや経済的に立ち行かなくなったことを示す理由や事情がなければ開始されません。この理由や事情を**破産手続開始原因**といいます。破産手続開始原因について破産法は，①支払不能，②支払停止，③債務超過の3つを規定しています。

　このうち，支払不能と支払停止は，全ての者に該当する破産手続開始原因ですが，債務超過は株式会社などいわゆる物的会社だけに適用される破産手続開始原因です。

①**支払不能** (破産法15条1項)
②**支払停止** (破産法15条2項)
③**債務超過** (破産法16条) ＊物的会社のみ

●1●
支払不能

　債務の支払いが客観的に不可能な状態に陥ることをいいます。もっとも原則的，一般的な破産手続開始原因です。

破産法15条〔破産手続開始の原因〕①債務者が支払不能にあるときは，裁判所は，第三十条第一項の規定に基づき，申立てにより，決定で，破産手続を開始する。
②債務者が支払を停止したときは，支払不能にあるものと推定する。

主観的に債務者がどう思っているかは関係ありません。誰がどうみてもにっちもさっちも行かないだろうという状態が支払不能です。

また，支払不能には債務者が資力に欠けるために債務を履行できない状態が，将来の相当程度の期間に渡って継続すると判断されることが必要です。一時的に履行遅滞や履行不能（民法415条）に陥っても，近い時期に弁済できることが確実であれば，支払不能とは言えません。

支払不能
債務者に返済の資力がなく，継続的に返済のめどがたたないと
判断される客観的な状態

●2●
支払停止

原則的な破産手続開始原因は支払不能です。しかし，支払不能という概念自体は抽象的で，その有無の判断には困難が伴います。

例えば，一回の履行遅滞があった場合に，それが支払不能の状態に基づくものなのか，たんなる偶発的なものなのかを判定するのはきわめて困難です。そもそも，支払不能は債務者の能力に関する事柄ですが，債務者の財政状態を外部の者が正確に把握することはできないと言ってよいからです。

そこで破産法は，支払不能という抽象的・内部的概念とは別に，支払停止という具体的・外部的概念を設けて，支払停止という外形的な事実があれば，債務者は支払不能という状態にあ

ることを推定することにしました。

「みなす」ではなく「推定する」ですから，支払停止の事実が存在しても，債務者は自分が支払不能の状態にはないことを立証して，推定を覆すことができます。

❖支払停止に該当する具体的な事実

破産法は「債務者が支払を停止したとき」と定め，支払停止が債務者の自発的な行為であることを示すのみで，具体的にどのような行為が債務者によってなされれば支払停止と言えるのかは，解釈に任されています。

支払停止という概念は，抽象的で把握困難な支払不能という概念を，具体的に捉えることができるようにするための概念です。したがって，まず端的にどのような行為が支払停止に該当するかを挙げた方が，一般論や定義論をくりかえすよりも理解が容易でしょう。

支払停止に該当する事実として代表的なものには，次のようなものがあります。

(1) 2回目の手形の不渡り

企業が満期において手形を決済することができないことが6カ月以内に2回繰り返された場合，その企業は銀行取引停止処分を受けることについてはすでに述べました。企業がこのような重大な不利益を承知で手形を決済しないことは，以後の支払いも全面的に行わない旨の企業の意思表明と同視できるので，支払停止に該当することについては全く争いがありません。

(2) 夜逃げ，失踪

債務者が自宅や勤務先から姿を消し債権者との連絡が取れな

くなった状態が，債務者に支払いを行う意思がないことの現れ
であることも多言を要しないでしょう。

(3)支払停止宣言

　もうにっちもさっちも行かないとか，払えないものは払えな
いというような趣旨で，以後の支払いがストップする旨を口頭
や書面で債務者自身が表明することも支払停止に該当します。

❖支払停止にあたらないケース

　これらに対して，割賦弁済の数回分が滞ったり，債務者が単
に一時的，部分的に支払いができないことを明らかにした，と
いうだけでは，通常の債務不履行を超えるものではなく，支払
停止とまでは言えないと考えられます。

　また，企業内部や債務者の内心で支払いを行わないことを決
めただけでは，いまだ外部的に明らかにはなっていないので支
払停止とは言えません。

　以上の例に基づいて支払停止を定義するならば以下のように
なります。

支払停止
債務者が一般的，継続的に支払いの意思がないことを対外的に
表明する行為

●3●
債務超過

　破産手続開始原因を一言で言うならば，それは債務者が支払

能力に欠けていることを意味することはすでに述べました。この支払能力とは、債務者が現実に有する資産の他、債務者の個人的信用や経営能力を含め考慮されます。現在手元に見るべき資産がなかったとしても、近い将来その者の信用や経営手腕に基づいて相当の金銭を獲得するだけの見込みがあるのであれば、一概に支払能力がないとは言えないでしょう。

❖法人構成員の有限責任

ただし、自然人以外の、法人についてはやや別の観点からの考慮も必要となります。

株式会社に代表される法人の債務については、株主など会社構成員が有限責任しか負わない場合が多いからです。

したがって、株主個人の信用や能力を支払能力判断の要素とすることはできません。

法人構成員が有限責任しか負わない株式会社などの法人においては、債権者に対する信用の基礎はもっぱら会社が現実に有する財産に限られます。

❖法人における支払能力の判断

ある法人が有する、現金、有価証券、動産、不動産などの財産を資産といいます。

そして法人の全資産額が、債務額など負債の総額を下回ることを、債務超過といい、法人固有の破産手続開始原因とされています（破産法16条1項）。

支払能力の基礎が会社資産しかない法人において債務超過が発生することは、法人が債務を完済できないこと、すなわち支払不能を意味するからです。ただし、合名会社や合資会社については、社員が会社の債務について無限責任を負うので債務超

過は破産開始手続原因とはされていません（破産法16条2項）。

　合名会社や合資会社では，構成員の能力や個人的信用がそのまま会社の支払能力に影響を与えるので，会社財産だけで支払不能かどうかを判断できないからです。

債務超過
法人の総資産額が，総負債額を下回ること。
合名会社および合資会社では、破産手続開始原因になりません。

❖一時的な債務超過

　事業資金を株式市場から調達するのではなく，金融機関からの借入れに依存することが多い日本の会社では，ある期間の会計処理が債務超過になることは，それほど珍しいことではありません。したがって法人について債務超過が生じたからといって，それが直ちに破産手続開始の申立てに直結することは現実にはあまりありません。解釈論としても，回復の見込みの高い一時的な債務超過があっただけでは破産手続開始原因とはならないとの見解が有力です。

....

破産法16条〔法人の破産手続開始の原因〕債務者が法人である場合に関する前条第一項の規定の適用については，同項中「支払不能」とあるのは，「支払不能又は債務超過（債務者が，その債務につき，その財産をもって完済することができない状態をいう。）」とする。
②前項の規定は，存立中の合名会社及び合資会社には，適用しない。

[問題]

次の各記述の正誤を述べなさい。

ア) 破産能力とは，ある者を破産者とする破産手続を開始するための，具体的な要件が備わっていることをいいます。

イ) 自然人のうち破産能力を有するのは商人に限られます。

ウ) 営利法人は破産能力を有しますが，公益法人その他の非営利法人には破産能力がありません。

エ) あらゆる公法人は，破産能力を認められる余地はありません。

オ) いわゆる権利能力なき社団については，法人格がない以上破産能力が認められる余地はありません。

[解答]

ア) 誤：破産能力とは，ある者が破産者となることができる一般的な資格をいいます。具体的に破産の要件が備わっているかどうかは破産手続開始原因の問題であって，破産能力ではありません。

イ) 誤：現行破産法は，全ての自然人に破産能力を認める一般破産主義を採用しています。

ウ) 誤：法人の破産能力は，営利法人と非営利法人とを問わず認められると考えられています。

エ) 誤：公法人のうち，国や地方公共団体は別段ですが，公共企業などについては破産能力を認める見解が一般的です。

オ) 誤：権利能力なき社団についても破産法13条および民訴法29条により，破産能力が認められます。

［用語チェック］

〔　〕内に適当な語句を補って文章を完成
させなさい。

□　破産手続は，〔ア〕がある場合に，債権　　ア：破産手続開始原
　　者その他関係者が裁判所に申立を行うこと　　因
　　によって開始されます。

□　〔イ〕はもっとも原則的な〔ア〕であり，　イ：支払不能
　　債務者に資力がなく，将来にわたって弁済
　　を行う見込みがなくなったことをいいます。

□　〔ウ〕と呼ばれる〔ア〕は，〔イ〕が債務　ウ：支払停止
　　者の内部的な事情であって債権者には判断
　　が困難であることから定められたものであ
　　り，〔イ〕の存在を推定するものです。

□　〔エ〕とは，法人の有する全負債の額が　　エ：債務超過
　　全資産額を上回っている状態をいいます。

□　法人について〔エ〕が〔ア〕とされてい
　　るのは，構成員が有限責任しか負わない法
　　人では信用の基礎が会社財産以外にはない
　　からです。従って法人であっても構成員個
　　人の能力が信用の基礎となっている〔オ〕　オ・カ：合名会社，
　　や〔カ〕については，〔エ〕は〔ア〕とな　合資会社
　　りません。

2時間目
破産者財産の公平な分配②
破産手続開始の決定

●0● はじめに

　支払不能の状態に陥った債務者がいると，関係者や本人から裁判所に破産手続の開始が申し立てられます。これを破産手続開始の申立てといいます。

　破産手続開始の申立てがあると，裁判所は債務者に破産手続開始原因があるかどうかを調査し，その存在が認められれば「破産手続開始の決定」がでます。

平成16年改正前までは、破産宣告と呼ばれていました。

　破産手続開始の決定により債務者は破産者となります。同時に破産者の財産は破産管財人や裁判所の管理下に入り，破産者が勝手に処分することはできなくなります。また債権者も，破産手続開始の決定後は自分の債権について破産手続外で弁済を受けることができなくなります。

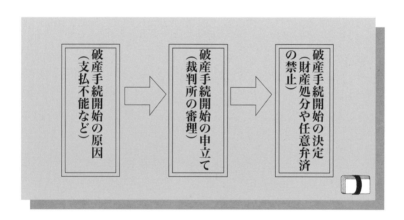

破産手続開始の原因（支払不能など）　→　破産手続開始の申立て（裁判所の審理）　→　破産手続開始の決定（財産処分や任意弁済の禁止）

1

破産手続開始の申立て

　ある債務者につき破産手続開始原因があるからといって，裁判所が勝手に破産手続開始決定を行うことはありません。破産手続開始決定がなされるには，必ず債権者その他の関係者が裁判所に破産手続の開始を求めなければなりません。この関係者の申立てを，破産手続開始の申立てといいます。

　ただし，公益法人の破産など特別の場合には，破産手続開始の申立てがなくても裁判所が職権で破産手続開始決定を行う場合があります。

❖申立権者

　破産手続開始の申立てができるのは，①債権者，②債務者本人（破産法18条1項），および③準債務者です。

　準債務者とは，債務者本人ではないけれども，立場上債務者に準ずる地位や職務にある者をいいます。法人の理事や取締役などがその例です（破産法19条1項・2項）。

　本来法人については，代表権を有する取締役や理事だけが法人自身の行為として破産手続開始の申立てを行うことができるはずです。しかし，代表権を有していない取締役や理事についても，政策上とくに独自の立場から破産手続開始の申立ての資格を認めることにしたのが，準債務者の趣旨です。

　債務者本人による破産手続開始の申立ては，俗に自己破産と呼ばれています。準債務者が破産を申し立てた場合，それは法人の行為ではないので，いわゆる自己破産ではありません。

❖申立方法

(1) 申立書

　破産手続開始の申立ては，申立権者が書面を管轄裁判所に提出して行います（破産法 20 条)。

　旧法では，口頭の申立も認められていましたが，実際の実務ではほとんど行われていなかったため，書面性を要求するようになりました。申立の意思や内容を明確にするために，裁判所職員の指導に基づいて作成された書面に従って，申立がなされます。

破産法 20 条〔破産手続開始の申立ての方式〕破産手続開始の申立ては，最高裁判所規則で定める事項を記載した書面でしなければならない。
②債権者以外の者が破産手続開始の申立てをするときは，最高裁判所規則で定める事項を記載した債権者一覧表を裁判所に提出しなければならない。ただし，当該申立てと同時に債権者一覧表を提出することができないときは，当該申立ての後遅滞なくこれを提出すれば足りる。

(2) 破産裁判所

　破産手続開始の申立書を提出すべき裁判所は，債務者の営業所や住所地を管轄する地方裁判所です（破産法5条1項，2項）。

　以後破産手続を主宰することになるこの裁判所を破産裁判所といいます。

　平成16年改正により，前述の原則的な管轄に加えて，管轄裁判所の拡大が図られました。手続の合理化・迅速化のため様々な特例が設けられています（破産法5条3項〜10項）。

(3) 破産手続開始原因の疎明

　債権者が申立を行う場合は，債務者に破産手続開始原因が存在することと申立人が破産者に対する債権を有していることを，申立の際に疎明しなければなりません（破産法18条2項）。

　疎明とは，証明には至らないが一応確からしいという心証を裁判官に抱かせることを言います。

　申立の際に疎明を必要とするのは，債権者等によってむやみに破産手続開始の申立てが乱発されるのを防ぐためです。しかし，自己破産の申立の場合は，破産手続開始の申立ての乱発ということをとくに考慮する必要はないので，破産手続開始原因の疎明は必要ありません。

　申立の後で，破産手続開始原因の存在の有無が裁判所によって本格的に調査され，その存在が「証明」されたときだけ破産手続開始決定がなされることは，自己破産の場合を含め共通です。しかしそれに加えて申立に際して「疎明」する必要までは，自己破産では要求されていないのです。

　破産手続開始原因の疎明が不要なことの代わりと言ってはなんですが，自己破産の申立の際には，債務者は債権者一覧表を提出することが必要です（破産法20条2項）。これらは後に破

産手続で必要になる事柄ですが，本来債務者自身がよく知っているはずの事項ですので，手続きを迅速に進めるためにも申立時に明らかにさせることにしたものです。

　なお，準債務者が破産手続開始の申立てを行う場合には原則として，破産手続開始原因の疎明が必要です（破産法19条3項）。準債務者は，債務者ではないからです。

　また，準債務者は同時に債務者の事情に精通した者でもあるので，債権者一覧表の提出も要求されます（破産法20条2項）。

Ⅰ．債権者申立時の必要事項
①破産手続開始原因の存在の疎明
②申立人が債務者に対して債権を有していることの疎明
Ⅱ．債務者申立時の必要事項
　債権者一覧表の提出
Ⅲ．準債務者申立時の必要事項
①破産手続開始原因の存在の疎明
②債権者一覧表の提出

❖破産手続開始の申立書等の審査

　裁判書記官が書類不備の補正や手数料の未納を指摘する制度です（破産法21条）。改善されなければ，裁判長が破産手続開始の申立てを却下することになります。

❖費用の予納

　破産手続を進めていくうえでは，さまざまな費用が発生します。破産管財人への報酬はその最たるものですが，それ以外に

も関係者への通知や財産の売却など，ことあるごとに費用がかかります。これらの破産手続費用は，究極的には破産手続開始の要因を作った破産者本人の負担となるべきものです。

　しかし，最終的な負担者が誰であれ，破産費用は手続の進行に応じて現実に支出が必要とされるものでもあります。そこで，債権者・債務者の別なく，全ての申立人に破産手続の費用を裁判所に一括納付させることにしました（破産法22条1項）。このように，申立時に申立人が破産費用を立替納付することを費用の予納といいます。

　申立債権者が立て替えた費用については，破産手続の中で優先的に回収することができます（破産法148条1項1号，151条）。申立債権者が予納した費用は，後に述べる財団債権となります。

　予納費用額は裁判所や債務額により異なります。管財人を選任する場合で20万円〜50万円以上，管財人を選任しない場合＝同時廃止，で2万円程度と言われています。予納金の大部分は管財人報酬に充てられていることがわかります。

　全ての申立人に破産手続の費用の予納義務を課す一方で，新破産法は，申立人の資力，破産財団となるべき財産の状況その他の事情を考慮して，必要があれば国が立て替える制度を設けています（破産法23条1項）。

　これを費用の仮支弁といいます。破産手続が多数の利害関係人の利益の調整を図る公益性を含む手続であることを踏まえての制度です。

．．

破産法22条〔費用の予納〕①破産手続開始の申立てをするときは，申立人は，破産手続の費用として裁判所の定める金額を予納しなければならない。

2

破産手続開始の決定

❖破産手続開始前の保全処分

　破産手続開始決定の前に破産者が自分の財産を処分することはもちろん自由です。

　しかし，いったん破産手続開始決定がなされた後は，このような処分の自由は剥奪されます。

　一方，破産手続開始の申立てから破産手続開始決定までにはある程度の日時を要します。その間に債務者が財産の処分などを行ってしまうと，破産手続開始決定はなされたけれども債権者に分配する財産が全くなかった，ということにもなりかねません。

　そこで，裁判所は，破産手続開始の申立てがなされた場合に債務者に財産の処分を禁じたり（＝仮差押え），現状の変更を禁止（＝仮処分）することが認められています（破産法28条1項）。これを破産手続開始前の保全処分といいます。

　破産手続開始前の保全処分は，保全の必要性がある場合に関係者の申立や裁判所の職権によってなされます。

❖他の手続の中止命令・包括的禁止命令

　裁判所は，破産開始手続の申立がなされ，必要があると認められた場合には，債務者の財産関係の訴訟手続，すでにされている強制執行等の手続の中止を命ずることが出来ます（破産法24条1項本文）。平成16年改正で，より債権者間の実質的平等を図るため，対象となる手続が追加されています。

　また，個別に中止命令を出していては支障がある特別な場合には，すべての債権者の権利行使を禁止する包括的禁止を命ずることも規定しています（破産法25条1項）。

❖破産手続開始原因の審理

　破産手続開始の申立てがあると破産裁判所は，債務者に破産手続開始原因があるかどうかを調査します。破産手続開始原因の存在を認めて破産手続開始決定を行うには，申立要件とは異なり，その存在の疎明ではなく証明が必要であることは，前にも述べました。しかし，その証明のために，通常の民事訴訟のように口頭弁論を開いて債権者や債務者に主張立証をさせる必要はありません（破産法8条1項）。破産手続は迅速性が要求されるからです。

　とはいえ，破産手続開始決定がなされるか否かは，とくに債務者については重要な事柄です。後に述べるように，破産者にはさまざまな制限が課せられるからです。

　そのため実務では，当事者が破産裁判所で破産手続開始原因について意見を述べたり，主張や立証，審尋を行う機会が与えられています。

❖職権調査

　破産手続開始原因の存在に関する資料は，申立人が主張，収集して破産裁判所に提出するのが原則です。しかし一方で，破産裁判所は申立人の立証活動に拘束されず，みずからのイニシアチブで証拠を収集することができます（破産法8条2項）。

　ここでは，裁判所は当事者の提出した証拠以外の証拠を取り調べることができないという民事訴訟法の弁論主義の原則が修正されています。これは，破産手続開始決定が，債務者や申立人だけでなく多くの者に影響を与える事柄だからです。

....

破産法8条〔任意的口頭弁論等〕破産手続等に関する裁判は，口頭弁論を経ないですることができる。
②裁判所は，職権で，破産手続等に係る事件に関して必要な調査をすることができる。

❖決定と不服申立

調査の結果，破産手続開始原因の存在が認められれば，破産裁判所は決定で破産手続を開始します（破産法15条1項）。破産手続開始決定により債務者は破産者となり，債権者は破産債権者となります。調査を行っても破産手続開始原因の存在が証明されない場合は，破産裁判所は決定で破産手続開始の申立てを棄却します。

破産手続開始原因の存否を判断するまでもなく，申立自体が不適法な場合は却下決定がなされます。

破産手続開始の決定，または棄却ないし却下決定に対して不服のある申立人や債務者は，高等裁判所に即時抗告をすることができます（破産法33条1項，9条）。なお，即時抗告ができる債権者は，申立債権者に限られず，他の債権者も不服申立の利益を有するとする見解が有力です。

❖同時処分

破産手続を開始するにあたっては，裁判所はその後の破産手続上不可欠ないくつかの事柄につき，共に決定をしなければなりません。それらは，破産手続開始決定と同時になされ，通常同じ決定書に記載されるので，同時処分とよばれています（破産法31条1項）。

同時処分によって決められる事柄は，次の4つです。

破産法31条〔破産手続開始の決定と同時に定めるべき事項等〕裁判所は，破産手続開始の決定と同時に，一人又は数人の破産管財人を選任し，かつ，次に掲げる事項を定めなければならない。
一　破産債権の届出をすべき期間
二　破産者の財産状況を報告するために招集する債権者集会（略）の期日
三　破産債権の調査をするための期間（略）

> **同時処分**
> ①破産管財人の選任 (破産法 31 条 1 項柱書本文)
> ②債権届出の期間 (1 号)
> ③債権者集会の期日 (2 号)
> ④債権調査期間 (3 号)

それぞれが，どのような意味を持つ事項であるかについては，後に述べます。いずれも破産手続に不可欠な重要事項です。

❖付随処分

破産手続開始決定と同時ではないけれども，その直後に裁判所が行う破産手続上の措置を，付随処分といいます。

付随処分は以下の3つがあります。

(1)公告・通知 (破産法 32 条)

裁判所は，関係者に即時抗告の機会を与えあるいは開始決定の事実を広く知らせるために，債務者や申立人等の関係者に公告・通知します。

社会的に影響の大きい破産事件の場合は，公告は，裁判所の判断で新聞に掲載されることもあります。

公告や通知によって，申立人以外の債権者や第三者に破産手続開始決定の事実を広く知らせる必要があるのは，破産手続開始決定の事実を知らない者が，債務者から財産を譲り受けたり勝手に弁済を行ったのでは，破産手続はその目的を達することができないからです。

(2) 登記 （破産法 257 条〜262 条）

　破産者が，不動産など登記や登録の対象となる財産を有している場合には，登記簿や登録簿に破産手続開始決定がなされた旨を記載するべく，裁判所から登記所に破産登記・登録の嘱託が行われます （破産法 258 条）。

　また法人について破産手続開始決定がなされたときは，法人登記簿に破産手続開始決定がなされた旨が記載されます （破産法 257 条）。

　自然人が破産した場合，その者の戸籍にも破産手続開始決定がなされたことが記載されると思っている人が少なくありませんが，そのようなことはありません。ただし，破産手続開始決定は破産者の本籍地の市区町村役所に連絡されることにはなっています （昭和 30 年 2 月 2 日民甲第 30 号最高裁民事局長通知）。

(3) 破産者宛郵便物の破産管財人への転送依頼

　裁判所は，破産者宛の郵便物が以後破産管財人宛に転送されるよう，郵便事業者等に転送を依頼します （破産法 81 条）。破産管財人が破産者に属する財産を適切に管理する便宜のために，破産者宛の郵便物をチェックする必要があるためです。

付随処分
①公告・通知
②登記・登録の嘱託
③郵便物の破産管財人への転送依頼

●3●
破産手続開始決定の効果
❖破産者の管理処分権の喪失

　破産手続開始決定がなされると，破産者が保有していた財産は全て，裁判所が任命した破産管財人という職責者の管理下に置かれることになります。

　この破産管財人が管理する債務者財産の一団を，**破産財団**といいます（破産法34条1項）。

　破産財団に属する財産を管理・処分することができるのは，破産管財人だけです（破産法78条1項）。すなわち，破産者は自分の財産をもはや自由に処分したり管理することができなくなることを意味しています。ただし，破産者が管理処分権を失うのは，破産者が破産手続開始の決定時点で有していた財産についてのみです。

　破産者は破産手続開始決定によって権利能力や行為能力を失うわけではありません。破産手続開始の決定後も，破産手続開始後に得た財産の管理・処分については完全な行為能力者として法律行為を行うことができます。

　すなわち破産手続開始時を境として，その後の経済活動で得た財産については破産者の自由な処分に任されます。

　破産手続開始の決定によって破産者は自己の財産の管理処分権を失いますから，破産手続開始の決定前から有する動産や不動産を，売却したり賃貸に出すことなどは許されません。

・・

破産法34条〔破産財団の範囲〕破産者が破産手続開始の時において有する一切の財産（日本国内にあるかどうかを問わない。）は，破産財団とする。
②破産者が破産手続開始前に生じた原因に基づいて行うことがある将来の請求権は，破産財団に属する。

仮にそのような行為がなされても，相手方はその取引の有効性を主張できません（破産法47条1項）。ただし「その効力を主張することができない」にすぎないので，取引が結果的に破産債権者側の有利になるのであれば，破産管財人の側から取引の有効性を認めることは差し支えありません。

①破産手続開始決定により，破産者がそれまで有していた財産は，破産財団に帰属する。
②破産財団に属する財産を管理・処分できるのは，破産管財人のみ。

★破産手続開始後の相続

　破産者の財産に対する処分権の喪失は，取引による処分に限られません。相続など破産者の意思に基づかない財産の承継についても適用があります。

　例えば，破産手続開始決定がなされた後に破産者が死亡した場合，破産者の妻や子供が相続によって取得する財産は，破産者が破産手続開始後に得た財産に限られます（破産法48条1項）。

❖善意の第三者保護

　破産手続開始後の破産者の処分・管理行為が効力を有しないという原則を徹底すると，破産手続開始決定がなされたことを知らなかった第三者の利益が害されることになります。そこで，ごく限られた場合ではありますが，善意の第三者保護の規定が設けられています。

(1) 破産手続開始後の登記・登録（破産法 49 条）

物権変動の対抗要件としての登記・登録が破産手続開始後に破産者との間でなされた場合でも，取引自体は破産手続開始前に行われていて，破産者の取引相手が登記のときに破産手続開始決定についてなお善意であるならば，この登記は有効とされます（破産法 49 条 1 項ただし書）。

本来，不動産の登記は売主と買主が共同で行う一種の管理行為です。したがって破産手続開始後は破産管財人だけが登記を行うことができるはずであり，破産者が関与した登記は物権変動の対抗要件（民法 177 条）として認められないはずです（破産法 49 条 1 項本文）。しかし，不動産の登記はある意味，既に行われた権利の移転行為を公示するにすぎないとも言えます。移転行為自体が破産手続開始前に完了している以上，その財産についての処分行為はほぼ終了していると言えます。ましてや第三者が破産手続開始決定の事実を知らずに登記を行った場合にも取引の効力が否定されるのでは，あまりにも第三者に酷です。そのため保護規定が設けられています。

破産手続開始前になされた取引行為自体が，債権者間の不公平をきたすものであれば，破産管財人は後述の否認権を行使して取引自体を取り消せばよいのです。

(2) 破産手続開始後の破産者への弁済（破産法 50 条）

破産手続開始決定により，破産者が有する債権は破産財団に移転するので，破産者は自分が有する債権を行使することも許されなくなります。

破産法 48 条〔開始後の権利取得の効力〕①破産手続開始後に破産財団に属する財産に関して破産者の法律行為によらないで権利を取得しても，その権利の取得は，破産手続の関係においては，その効力を主張することができない。

このことをその債権の債務者側から見れば，債務者は破産手続開始後は破産管財人に対して弁済を行うべきで，破産者に対して弁済をしてもその弁済は有効とはならないことになります。したがって，破産管財人が改めて弁済を求めれば，その債務者は本来これを拒めません。

　しかし，破産手続開始決定という一事をもって，債務者が二重払いを余儀なくされるのは，破産手続開始決定を知らなかった者にとってはあまりにも酷です。

　そこで，破産手続開始後の破産者に対する弁済行為は，弁済した債務者が善意である場合には，これを有効とすることにしました（破産法50条1項）。

　また，破産手続開始決定を受けたことを知りながら破産者に対してした弁済でも，現に破産財団がその財産を手中にしているのであれば有効な弁済とされることはもちろんです（破産法50条2項）。

破産手続開始後の破産者の処分行為と第三者保護規定
①取引自体は破産手続開始前に行われていたが，登記・登録という対抗要件具備が破産手続開始後にずれ込み，かつ破産者の取引相手が破産手続開始決定を知らなかった場合
②破産者が債権を行使し，その債務者が破産手続開始決定を知らずに弁済した場合

❖破産管財人の財産管理開始

　破産者の権限喪失は，破産手続開始時に有していた財産の管理権にも及びます。したがって，破産者は破産手続開始時に有

していた財産をもはや自分で管理することはできず，全て破産管財人に委ねなければなりません（破産法78条1項）。言うまでもなく，破産者が財産を食いつぶしたり，目減りすることを防ぐためです。

　破産者の財産のうち，現金や貴金属などの動産はすべて破産管財人に引き渡され，破産管財人が直接これらを占有します。在庫商品などのように量が多くて，破産管財人が直接占有できないものについては，裁判所による封印を行います（破産法155条1項）。

　預貯金に代表される債権については，債券証書や通帳，印鑑などを破産管財人に引き渡さなければなりません。

　不動産についても，破産管財人にその占有が移転されます。ただし不動産については，裁判所の付随処分として破産登記が行われているため破産者による勝手な処分のおそれがなく，財産価値の目減りということも考えにくいので，不動産が売却されるまでは破産者に現実の使用が許される場合が多いようです。

　この場合の破産者は，破産管財人の占有代理人として不動産を占有することになります。

破産財団に属する財産の管理方法
①動産，不動産，債権の別を問わず，破産管財人に直接占有を移すのが原則
②財産の形状が巨大であったり，大量であるなど，直接占有が困難な場合は，裁判所による封印が行われる
③破産者による処分や目減りの恐れがなければ，破産者に間接占有させることも可能

❖破産債権者の権利行使の禁止

破産手続開始決定によって，破産債権者は，もはや破産者から個別に弁済を受けることが禁止されるという効果が生じます（破産法100条）。これは，特定の債権者が抜け駆けで弁済を受けることを禁じ，全債権者が破産手続を通じて公平に破産者の財産の分配を受けるべきだという破産手続の趣旨からして当然のことです。

❖法人の解散

破産手続開始決定は法人の解散原因となります（会社法641条6号，471条5号）。ただし，破産手続を通じて残余財産の分配を行わなければなりませんから，破産手続終結までは法人格は存続します。

清算手続の代わりに破産手続が行われることになるわけです（会社法644条1号かっこ書）。

法人格なき社団（権利能力なき社団）についても，法人の場合に準じて破産手続開始決定と共に団体としては解散するものと考えられています。

❖自然人の自由・資格の制限

自然人が破産手続開始決定を受けた場合，財産権の管理処分権を奪われる以外にも，法律上のさまざまな義務が課せられ，自由が制限されることになります。

(1) 居住制限

破産者は裁判所の許可なしに，その居住地を離れることはできません（破産法37条1項）。破産手続は，破産管財人が破産者と常に連絡を取りながら行っていくものであり（破産法40

条1項），破産者が勝手に住居所を変更したのでは，その目的達成に支障が生じるからです。

(2) 通信の秘密の制限

破産手続開始後は，破産者に対する郵便物は破産管財人に配達され，破産管財人はこれを開封し閲覧することができます（破産法81条，82条）。これは，破産管財人が破産者に属した財産を適切に管理するための便宜と共に，破産者が第三者と通じて財産を隠匿したり無断で弁済を行ったりすることがないよう破産管財人が監視をする趣旨も含まれています。

言うまでもなく通信の秘密は憲法で保証されていますが（憲法21条2項），破産法の定める制限は，その目的に照らしてやむを得ない合理的範囲での制限として許容されます。郵便物等の転送依頼は，破産手続開始決定に伴う付随処分として裁判所が行うことはすでに述べました。

(3) 資格制限

事業を営む限りは，破産は時として避けることのできないものであり，必ずしも破産者が道義的に非難される筋合いではありません。しかし，現実はどうあれ，破産手続開始決定はやはり破産者の財産管理その他の能力に疑いを生ぜしめるものであることもまた事実です。とくに，職務が他者代理性や公益性を持ち，そのために高い能力や倫理性が求められる職務の多くでは，破産者が職務に就くことを認めていません。

....

破産法100条〔破産債権の行使〕破産債権は，この法律に特別の定めがある場合を除き，破産手続によらなければ，行使することができない

したがって，資格制限は破産手続上の要請ではなく，それぞれの職業適格を定める法律の問題です。

弁護士（弁護士法 7 条 5 号），公認会計士（公認会計士法 4 条 4 号），弁理士（弁理士法 8 条 10 号）などの職業，民法上の後見人（民法 847 条 3 号），遺言執行者（民法 1009 条）などの職務，商法上の取締役（会社法 331 条 1 項 3 号）などがその例です。

破産手続開始決定を受けても，選挙権や被選挙権は失いませんし，一部の官職を除き公務員の欠格条項にも該当しません(国家公務員法 38 条)。一般に誤解されることが多い部分です。

破産手続開始決定に伴って生じる様々な制限や効果は，破産法の中でも重要な部分の一つです。ここで，もう一度おさらいしておきましょう。

破産手続開始決定に伴う効果
①破産者の管理処分権の喪失と破産管財人の管理開始
②破産債権者の権利行使の禁止
③法人の解散
④自然人の自由・資格制限など

●4●
同時破産手続廃止
❖同時破産手続廃止とは

破産手続開始決定がなされると，破産管財人により破産者の財産が管理され，最終的には全て現金化されて全債権者に公平に分配されるというのが破産手続の基本的な流れです。しかし，破産者はもともと支払不能に陥っていたわけですから，現実に

配当するだけの資産を有しているとは限りません。

　破産管財人報酬だけでも数十万円がかかりますから，破産管財人を選任し，苦労して破産者の財産をかき集めてみても，結局管財人報酬にも満たなかったというのでは，まさに骨折り損のくたびれもうけです。

　ただ，配当を行うだけの財産が破産者に残っているかどうかは，実際に破産手続を進めてみなければわからないことも多いでしょう。この場合手続を進めてみて，その過程で配当可能な財産がないことが判明すれば，これ以上手続を進める意味がないとして破産手続は打ち切られることになります。これを**破産手続廃止**といいます。

　破産手続開始後の破産手続廃止は，手続が中途で終結するので，異時破産手続廃止とよばれます（破産法217条）。

　一方，破産者に配当に値するような見るべき財産がないことが破産手続開始時に明らかになっているのであれば，破産管財人を選任して配当に向けた準備を行うのは全くの無駄です。このような場合，裁判所は破産手続開始決定をなすと同時に，破産手続を終結する旨の宣言を行います。これを同時破産手続廃止といいます（破産法216条1項）。

「異時廃止」「同時廃止」とも呼ばれます。

①同時破産手続廃止
　破産手続開始決定と同時に破産手続を終結。
②異時破産手続廃止
　破産手続の中途で破産手続を打ち切り，終結。

　同時廃止により破産手続は終結します。したがって，破産管財人が選任されることはなく，配当はもちろん，債権者集会など破産者の財産の分配を前提とした手続は行われません。また，破産者の破産手続開始前の財産についての管理・処分権の制限の問題も生じません。ただ破産手続開始決定の公告や債権者への通知手続は，破産手続開始決定に不服のある関係者に即時抗告の機会を与えるために，同時廃止の場合でも行われます。

　同時廃止により破産手続が終結しても，破産者に対して破産手続開始決定がなされたという事実に変わりはありません。したがって，破産者の資格制限や法人の解散などの効果は，同時廃止の場合でも認められます。

　破産手続開始決定の効果のうち，破産者の財産保全や債権者への財産分配と関係のない効果は認められるということです。

　また，破産手続が終了した破産者にはそれまでの債務が免責されることを求める資格＝免責申立資格が与えられますが，同時廃止の場合もこの点変わりはありません。

　同時廃止を行うかどうかは，裁判所が職権で判断します。

　もっとも今日の消費者破産の大多数は，破産手続開始申立書の提出と同時に同時廃止を求める申立を行い，そのほとんどにつき同時廃止の決定がなされています。法律的には，この同時廃止の申立は破産裁判所の職権発動を求めるものということになります。

[問題]

次の各記述の正誤を述べなさい。

ア) 裁判所は破産手続開始原因が存在するときは，関係者の申立がなくとも職権で破産手続開始決定を行うのが原則です。

イ) 株式会社のいわゆる平取締役は，その会社について破産手続開始の申立てをすることはできません。

ウ) 破産手続開始の申立ては，原則として債務者の住所や営業所を管轄する簡易裁判所に対して行います。

エ) 債権者が破産手続開始の申立てを行うには，破産手続開始原因と自己の債権の存在を裁判所に対して証明しなければなりません。

オ) 債務者自身が破産手続開始の申立てを行うときは，申立時に破産手続開始原因を疎明する必要はありません。

カ) 破産手続開始の申立てによって，債務者の財産には処分禁止や現状変更禁止の効果が当然に生じます。

キ) 破産手続開始決定を行うには，必ず口頭弁論を開いて債権者，債務者の双方に出頭の機会を与えることが必要です。

ク) 破産手続開始決定をなす際の審理や判断についても民事訴訟法の弁論主義が妥当するので，裁判所は債権者や債務者が取り調べを求めたもの以外の証拠を判断の基礎とすることはできません。

ケ) 破産手続開始決定，あるいは棄却，却下決定に対しては，関係者は高等裁判所に控訴することが可能です。

コ) 破産手続開始決定がなされたとき，裁判所は破産手続開始決定に付随する処分として破産管財人の選任を行います。

サ) 破産手続開始決定を得た債権者は，決定書謄本に基づいて，破産者の所有する不動産について破産登記を法務局に申請します。

シ) 破産手続開始決定によって破産者は財産処分の自由をある程度制限されますが，原則として自己の財産についての管理・処分権を失うことはありません。

ス) 破産者が破産手続開始前に有していた財産を，ある者が破産手続開始後に譲り受けた場合でも，その譲受人が破産手続開始決定について善意であれば，有効に所有権を取得します。

セ) 法人に対して破産手続開始決定がなされても，その法人が解散するわけではありません。

ソ) 破産手続開始決定を受けたことにより，破産者の居住の自由や通信の秘密は，一定の制約下に置かれます。

タ) 破産手続開始決定と同時に破産手続廃止が宣言された場合でも，破産管財人は選任されます。

［解答］

ア）誤：破産手続は債権者その他の関係者の申立てによって開始され，破産手続開始決定も申立てに対する応答としてなされるのが原則です。

イ）誤：代表権のない取締役も，準債務者として破産手続開始決定の申立てができます。

ウ）誤：破産手続開始の申立ては，債務者の住所や営業所を管轄する地方裁判所に対して行います。

エ）誤：破産手続開始原因と債権の存在を疎明することは必要だが，申立時には証明までは要求されていません。

オ）正：破産手続開始の申立て時に破産手続開始原因等を疎明させるのは，債務者を牽制する手段として債権者による破産手続開始の申立てが乱発されることを防止する趣旨ですから，自己破産の場合には疎明の必要がありません。

カ）誤：債務者の財産の処分禁止や現状変更禁止の効果が生じるのは破産手続開始決定の効果であって，破産手続開始の申立ての効果ではありません。破産手続開始前は，裁判所によって保全処分がなされたときに初めて処分禁止や現状変更禁止が認められます。申立てによって当然に生ずる効果ではありません。

キ）誤：破産手続開始決定を行うのに口頭弁論を経る必要はありません。

ク）誤：破産手続開始決定は申立債権者や債務者のみならず，広く第三者にも影響を与える処分ですから，弁論主義は厳密には適用されず，職権調査も認められています。

ケ）誤：破産手続開始決定は判決ではなく決定ですから，判決に対する上訴手段である控訴は認められません。即時抗告が破産手続開始の決定についての不服申立手段です。

コ）誤：破産管財人の選任は，破産手続開始決定の付随処分として決められるのではなく，破産手続開始決定の同時処分として決定

されなければなりません。

サ）誤：破産者の所有する不動産について破産手続開始決定がなされた旨を登記することは，破産裁判所が付随処分として職権で行います。

シ）誤：破産手続開始決定がなされるとそれまでの破産者の財産は破産管財人の管理する破産財団に帰属し，破産者の管理・処分権は剥奪されます。

ス）誤：破産手続開始後に破産財団の財産を善意の第三者が取得できるのは，取引自体は破産手続開始前に行われ，登記だけが破産手続開始後に行われた場合ですから，設問は誤りです。

セ）誤：破産手続開始決定は，法人の解散事由の一つです。

ソ）正：破産管財人が職務を適切に行うために，破産者の転居は制限され，郵便物は破産管財人により開封，閲読されます。

タ）誤：同時破産手続廃止がなされたときは，破産手続は終結するので，破産管財人は選任されません。

3時間目
破産者財産の公平な分配③
破産財団

1

破産財団とは

　破産手続開始の決定がなされると，それまでの破産者の財産は破産管財人の管理におかれ，破産者による処分や管理は禁止されます。一方，破産者が破産手続開始後に取得した資産については，破産手続の対象とはならないので原則どおり破産者による処分や管理が可能です。また破産者が破産手続開始時に所有していた財産も，厳密には全てが破産管財人の管理に移されるのではなく，一部はそのまま破産者の管理や処分に任されます。これを**自由財産**といいます。

　このように一口に破産者の財産と言っても，それは破産管財人の管理に委ねられるものと，破産者の自由な処分が可能なものとに分けられます。

　破産手続開始時の破産者の財産を主体として構成され，破産管財人の管理に委ねられている財産の一団を，破産財団といいます。破産財団は，もちろん最終的には債権者への配当の原資となります。破産財団は，配当に供されるまでの間，財産が目減りしないよう破産管財人によって厳重に管理されると共に，すでに流出してしまった財産もできる限り取り戻して破産財団に帰属させる努力が行われます。

　　　否認権の行使といわれるものです

2

破産財団を構成する財産

　破産財団を構成する財産は，破産者が破産手続開始時において有する一切の財産です（破産法 34 条 1 項）。

❖膨張主義と固定主義

　破産財団に帰属する財産が多ければ多いほど，配当を受ける債権者にとっては有利です。より多くの配当を受けることができるのですから，当然ですね。

　この点，破産者が破産手続開始後に取得した財産をも破産財団に帰属させる立法例があります。この立場では，破産財団は破産手続の進行とともに増加していくので，この立法主義を膨張主義といいます。

　フランス破産法は，膨張主義を採用する立法例です。

　一方日本の現行の破産法は，破産手続開始後に破産者が取得した財産は破産財団に帰属しない建前を取っています。これを固定主義といいます。

❖将来の請求権

　もっとも固定主義とは言っても，厳密に破産手続開始時に破産者が現実に有する財産に限られるのではありません。破産手続開始前に債権の発生原因が存在し，それが破産手続開始後に現実化する場合も，その債権は破産財団に含まれます（破産法34条2項）。

　条件付債権や期限付債権などの将来の請求権がその典型例で，例えば将来支払われる予定の退職金債権は，破産財団に帰属することになります。

　もちろん，将来の請求権が破産財団に帰属することは，それが現実化して配当できる限りで意味があります。退職金が破産財団に帰属しても，実際に破産者が退職して支払われたのが破産手続終了の30年後であれば，その意味はありませんね。

❖ **固定主義の根拠**

　固定主義が採用されている理由は，破産手続開始後に破産者が取得した財産を自由財産とすることにより破産者の再起が見込めることと，破産手続に加入して配当を受けることのできる債権は，破産手続開始決定までの間に生じたものに限られること（破産法2条5項）との均衡にあると考えられています。

破産財団における固定主義と膨張主義
①固定主義：現行破産法の立場
破産財団は破産手続開始決定までに生じた財産で構成される。
＊破産手続開始前に発生原因のある将来の請求権を含む
②膨張主義
破産財団は破産手続終結までに生じた財産で構成される。

● 3 ●
差押禁止財産

　破産手続開始時に破産者が有する財産でも，差押えが禁止された財産は破産財団に帰属せず，自由財産とされます（破産法34条3項2号）。

　差押禁止財産は，国家がその財産を強制執行手続のために占有を取得して換価することが，民事執行法などの規定により禁止されている動産や債権を指します（民事執行法131条，152条）。

　差押禁止財産が破産財団に含まれないのは，これらの財産が主に債務者の最低限の生活確保のため強制執行が禁止されているところ，破産者の生存確保の必要性は破産手続においても変わるところはないからです。ただし，差押禁止動産のうち，事

業用財産としての性格が強いいくつかについては，破産財団への帰属が認められています（破産法34条3項2号ただし書）。

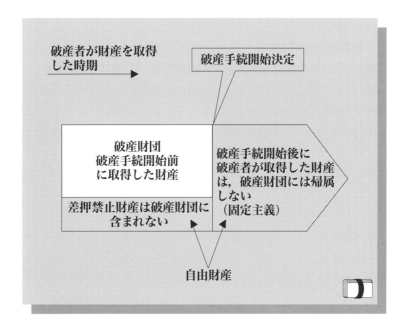

●4●
破産管財人

　破産管財人とは，破産財団を管理し債権者に対して公平な配当をする職務を破産裁判所から命じられた者をいいます。

　破産管財人の破産手続における役割は非常に重要です。破産手続がまがりなりにもまずまずの金額を債権者に配当して終結できるかどうかは，少なからず破産管財人の能力にかかっているといってもよいでしょう。そのため，破産法は破産管財人に対して非常に強大な権限を付与していますが，一方でこれらの

権限が適切に行使されるかどうかについて，破産管財人を監督する手段をも講じています。

❖破産管財人の資格・就任・退任

(1) 資格

　破産管財人の資格は，自然人に限られるということ以外，法律上はとくに制限はありません。現実には，破産管財人の職務を行うにあたって法律や訴訟の知識が不可欠であることと，高度の職業倫理的公正さが必要とされることから，弁護士が選任されるケースが圧倒的多数です。

　破産管財人は一人である必要はありません。事案の複雑性に応じて複数の破産管財人が選任されることがあります（破産法31条1項）。

(2) 就任

　破産管財人は，破産手続開始決定と同時に破産裁判所により選任されることは前に述べました（破産法74条）。裁判所の選任に対してその者が同意することにより，破産管財人が正式に就任することになります。

(3) 退任

　破産管財人の任期は破産手続の終結時までですが，任期途中でも，一定の条件の下，自ら職を辞したり破産裁判所により解任されることがあります。

❖破産管財人の職務

　破産管財人の職務の根本は，破産者財産を債権者に公平に分配することです。破産管財人のほとんどの職務や権限は，この

目的に向けられています。すなわち，破産財団を適切に管理・維持し，不当に流出したり弁済された財産を破産財団に取り戻し，あるいはそのための訴訟を追行すること，そして最終的な配当を実施すること（破産法 195 条 1 項，193 条 2 項）が，破産管財人の中心的な職務です。

一方で破産管財人には，債権者のための職務だけではなく，破産者の再起についても一定の職責が負わされています（破産法 36 条，250 条）。

❖破産管財人の権限

破産管財人がその職務を全うするために与えられている権限には次のようなものがあります。

①破産財団に属する財産の占有・管理（破産法 79 条，153 条以下）
②破産者宛て郵便物の管理・閲読権（破産法 81，82 条）
③届出債権に対する認否・調査権（破産法 117 条，121 条など）
④破産財団に関する訴訟追行権（破産法 80 条）
⑤破産者の従来の契約関係の整理（破産法 53 条）
⑥否認権（破産法 173 条）

★善管注意義務

破産管財人は，破産財団や破産債権者に対して受任者的立場にある者です。したがって破産管財人には，これらの権限を行使するうえで善管注意義務が課せられています（破産法 85 条）。

❖破産管財人に対する監督・監視

(1)破産裁判所による監督

　破産管財人の職務は幅広くその権限は強力です。しかし，具体的な権限行使は全くの自由裁量で行われるのではなく，破産裁判所によるチェックが行われます（破産法75条1項）。

　破産裁判所による監督権の最たるものは，破産管財人が適切かつ公正な職務を全うする資質や能力に欠けると破産裁判所が認めた場合に，その破産管財人を解任することです（破産法75条2項）。また，破産管財人の職務のうちのいくつかは，破産管財人が単独で行うことはできず，破産裁判所の許可を得ることが必要です（破産法209条2項など）。

(2)債権者委員会による監視

　旧法の監査委員にかわる機関として，債権者委員会が破産管財人の活動に対する監視を行います。

　債権者委員会は，破産債権者が任意に設置し，要件を満たしていれば裁判所の承認を経て破産手続への関与が認められます（破産法144条1項）。

　監査委員のような監督機能はありませんが，破産管財人の活動に関する情報を収集し（破産法146条），それにもとづく判断を破産管財人や裁判所に伝える（破産法144条3項，145条2項）ことで，破産債権者の利益保護をはかる制度です。

破産管財人に対する監督・監視
①破産裁判所による監督
②債権者委員会による監視

❖破産管財人の報酬

　破産管財人はその職務の対価として，破産財団の中から報酬を受け取ります（破産法87条）。報酬の額は，事案の規模や複雑性に応じて破産裁判所が決定します。もちろん職務上必要とする費用は，報酬とは別個に支払われます。

破産法75条〔破産管財人に対する監督等〕破産管財人は，裁判所が監督する。

②裁判所は，破産管財人が破産財団に属する財産の管理及び処分を適切に行っていないとき，その他重要な事由があるときは，利害関係人の申立てにより又は職権で，破産管財人を解任することができる。この場合においては，その破産管財人を審尋しなければならない。

破産法144条〔債権者委員会〕①裁判所は，破産債権者をもって構成する委員会がある場合には，利害関係人の申立てにより，当該委員会が，この法律の定めるところにより，破産手続に関与することを承認することができる。ただし，次の各号のいずれにも該当する場合に限る。（後略）

［用語チェック］

問1. 〔　〕内に適当な語句を補って文章を完成させなさい。

□　破産手続開始時に破産者が有していた財産は，原則〔ア〕に帰属します。

ア：破産財団

□　破産者が破産手続開始後に取得した財産は〔ア〕には帰属しません。このような破産者の処分・管理に委ねられた財産を〔イ〕といいます。

イ：自由財産

□　現行破産法は，破産者が破産手続開始後に取得した財産も〔ア〕に帰属するとする〔ウ〕を採用せず，破産手続開始決定時の財産だけが〔ア〕を構成するとする立場を採用します。この立法主義を〔エ〕といいます。

ウ：膨張主義

エ：固定主義

□　民事執行法によって〔オ〕を禁止されている財産は，破産者が破産手続開始時に有している財産であっても〔ア〕に帰属しません。

オ：差押え

□　〔ア〕を管理し，債権者に配当を行う職責を負う者を〔カ〕といいます。

カ：破産管財人

□　〔カ〕は，破産手続開始時に〔キ〕の同時処分によって選任されます。

キ：破産裁判所

問2. 次の各記述の正誤を述べなさい。

ア) 破産管財人の職務には，債権者のために破産財団を管理し配当を行うことの他に，破産者の再起のために行う職務があります。

イ) 破産管財人となる者は，法律上弁護士か公認会計士の資格を持つ者に限られます。

ウ) 破産管財人の職務は，証人や鑑定人と同じような公法上の義務ですから，破産裁判所によって破産管財人に選任された者は，その就任を拒むことはできません。

エ) 破産管財人は，破産財団の管理について善管注意義務を怠ったときは，その損害を賠償しなければなりません。

オ) 破産管財人がいったん選任されたら，その職務が裁量性と独立性が高いものであることに鑑みて，任期中は破産裁判所といえども，破産管財人を解任することはできません。

カ) 破産管財人の基本的な職責は債権者のためであるから，債権者の過半数の合意があれば，破産管財人を解任することができます。

キ) 破産管財人に対する報酬は，証人日当のように常に一律の金額です。事件の難易などにより金額が異なることはありません。

[解答]

ア）正：裁判所の許可を得て，破産者の事業を継続したり，免責に
ついての調査を行うなどの職務があります。

イ）誤：法律上，破産管財人の資格に制限は存在しません。

ウ）誤：破産管財人は，破産裁判所によって選任された者が同意を
したときに初めて就任します。同意を拒むことは可能です。

エ）正：破産法 85 条 2 項

オ）誤：破産管財人は破産裁判所の監督に服するので，任期中でも
解任されることがあり得ます。

カ）誤：債権者は破産管財人の解任を破産裁判所に求めることはで
きますが，最終的な任免を決定するのは破産裁判所の権限であっ
て，債権者が決定するわけではありません（破産法 75 条 2 項）。

キ）誤：管財人報酬の額は，事件の難易，規模，配当額などの諸要
素を考慮して，破産裁判所が決します

●1●
破産債権とは

　破産手続開始決定がなされると，破産者に対して債権を有している債権者は個別に権利行使をすることができなくなることは前述しました。そしてこれらの債権者は，破産手続を通じて破産財団から配当を受けることによって，債権の満足を得ることになります（破産法100条1項）。

　ただし，破産手続で債権金額の100％の配当がなされることはめったにありません。多くの場合，債権額の数％から数十％の配当によって，債権の一部だけが満足されることになります。残額については破産手続終了後に改めて破産者に履行を請求することになります。

　このとき，破産手続に加入して破産財団から配当を受ける資格をもつ債権のことを破産債権といいます。そして，破産債権に対する権利者のことを，破産債権者といいます。

破産債権
破産手続に加入して，破産財団から配当を受けることができる債権

●2●
破産債権の要件
❖金銭での評価が可能な債権であること

　破産手続は，破産財団から債権者に配当を行う手続ですから，金銭で評価され通貨の支払いによって満足が可能な債権でなければなりません（破産法103条2項）。相続回復請求権とか，離

婚した親の面接交渉権などの家族法上の権利が，破産手続に加入する意味がないことはもちろんです。また財産法上の債権であっても，画家が期日までに絵を描く債権のように，作為を求める債権で代替性のないものについては，金銭評価ができないと考えられており破産債権とはなりません。

これらの作為を求める債権も，破産手続開始時にすでに債務不履行による損害賠償債権（民法415条）に転化していれば，破産手続への加入が可能です。しかしそれは，金銭債権である損害賠償債権が破産債権なのであって，絵を描くという作為債務を破産債権として手続に加入するわけではありません。

これに対して，契約に基づく目的物の引渡債権のように，作為を求める債権でも他の者が代わって行うことができるものについては，金銭評価が可能だと考えられています。したがって，目的物引渡債権のままで破産債権として手続に加入することが可能です。

❖強制執行可能な債権であること

破産手続は，破産財団に属する財産について，破産者の管理・処分権を排除し強制的に売却・換金する点で，強制執行手続と共通の基盤に立つ手続です。従って，債権が民事執行法上の強制執行に適さない債権である場合には，破産手続においても満足を得ることは認められません。このような債権の例としては，不執行の合意のある債権やいわゆる自然債務を内容とする債権が典型的なものです。

自然債務の例としては不法原因給付返還請求権があります

差押えが禁止された財産が破産財団に属しないとされるのも，破産手続が権利の強制的実現という民事執行手続と共通の基盤を有していることが理由でしたね。

❖債権の発生原因が破産手続開始前に存在すること

　破産債権であるためには，その債権の発生原因が破産手続開始前に存在していることが必要です（破産法2条5号）。この要件を満たしていない債権，例えば破産手続開始後の貸付けの場合，債権者はこの貸金債権に基づいて破産手続に加入することはできません。

　この債権者は，破産手続とは関係なく原則的な債権の実現方法に従って，個別に破産者に貸金の返済を求めることになります。強制執行によって債権の満足をはかることも可能です。

> **破産債権の要件**
> ①金銭評価が可能な債権であること
> ②強制執行可能な債権であること
> ③債権の発生原因が，破産手続開始前に存在していること

　気をつけなければならないのは，破産債権として認められるためには，「発生原因」が破産手続開始前に存在していれば足りるということです。破産手続開始時に請求可能な債権として成立している必要はありません。

　この点が問題となる場合をいくつか挙げて説明します。

破産法103条〔破産債権者の手続参加〕③破産債権が期限付債権でその期限が破産手続開始後に到来すべきものであるときは，その破産債権は，破産手続開始の時において弁済期が到来したものとみなす。
④破産債権が破産手続開始の時において条件付債権又は将来の請求権であるときでも，当該破産債権者は，その破産債権をもって破産手続に参加することができる。

(1) 期限付債権

　破産手続開始前の契約によって債権としては成立したが，破産手続開始後の履行期限が定められている債権も，破産債権として破産手続に加入できます。

　さらに期限付債権は，破産手続においては他の債権と画一的に取り扱う必要があるので，破産手続開始決定がなされた時に期限が到来したとみなされます（破産法103条3項）。これを**破産債権の現在化**といいます。そうでないと，その債権の期限が到来するまでは破産手続が完了しないことになり，手続の迅速性の要請を害するからです。

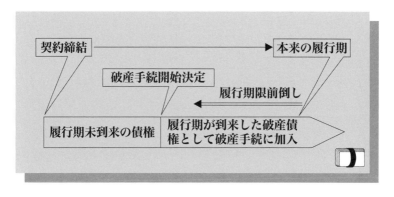

(2) 条件付債権

　期限付債権が，いずれは必ず履行期が到来する債権であるのに対して，条件付債権は，ひょっとしたら永久に条件が成就しないかもしれない債権です。すなわち，条件付債権は，将来の未確定な請求権であるという特徴があります。

　しかし現行破産法は，契約の締結といった債権の発生原因たる事実が破産手続開始前に存在している限り，条件付債権もその全額について破産債権となることを認めています（破産法

103条4項)。ただし，条件付債権は破産手続には加入できますが，条件が成就して確定した請求権とならなければ，配当を受け取ることはできません。

期限付債権とはこの点で異なるので注意しましょう。

仮に条件が成就しないまま破産手続が終了してしまった場合，その条件付債権の債権額は，他の債権の配当に回されることになります（破産法198条2項）。これを**打切主義**といいます。

(3) 保証人に対する債権

保証人に対する債権は，主債務を担保する従属的な債権で，主債務が支払われなかった場合の担保として機能します。

債権者が主債務者に請求する前に保証人に請求しても，保証人は催告の抗弁権（民法452条）や検索の抗弁権（民法453条）で対抗できます。

したがって主債務が不履行になる前に保証人が破産した場合，その保証債権は，いまだ具体的な請求権としては発生していない将来の請求権にすぎません。しかしここでも，債権の発生原因である保証契約自体が破産手続開始前に行われていれば，全額が破産債権として認められます（破産法105条）。

(4) 求償権

保証人が主債務者に代わって債務を履行した場合は，支払金額の償還を主債務者に請求できます。そして，これを求償権といいます（民法459条1項）。

求償権も，保証人が現実の支払いを行うまでは，主債務者への具体的な請求ができない将来の請求権です。しかし，主たる債務者の破産の場合，支払いを行っていない保証人も，将来発生するかもしれない求償権を破産債権として破産手続に参加す

ることができます（破産法103条4項，104条3項）。

発生原因が破産手続開始前に存する，将来の請求権の例
①保証人に対する請求権
②求償権

　求償権が破産債権として認められるのは保証の場合だけではなく，連帯債務など，求償権が発生するその他の法律関係においても同様です。

❖為替手形における求償関係

　いまだ現実に発生していない求償権を破産債権とできる場合であっても，その求償権の発生の根拠となる保証契約等それ自体は，破産手続開始前になされている必要があります。しかし，為替手形の引受人・支払人の振出人に対する求償権は，引受け・支払いが破産手続開始後になされたとしても，引受人・支払人が破産手続開始決定につき善意である限り破産債権として認められます（破産法60条1項）。

　そもそも，為替手形の引受人・支払人の振出人に対する求償権は，引受け・支払いという行為がなされて初めて生じるのであって，振出しがなされただけで求償権が発生するわけではありません。引受人・支払人は，為替手形の振出しには法律上は一切関与しないからです。

・・

破産法105条〔保証人の破産の場合の手続参加〕保証人について破産手続
開始の決定があったときは，債権者は，破産手続開始の時において有する
債権の全額について破産手続に参加することができる。

したがって，いかなる意味でも債権の発生原因が破産手続開始前に存在していたとは言えないのに，このような例外規定が設けられているのはどうしてでしょうか。それは，為替手形の引受けや支払いを行おうとする者が振出人や裏書人が破産していないかどうかをいちいち確認しなければならないとしたのでは，為替手形の流通が著しく害される結果となるからです。

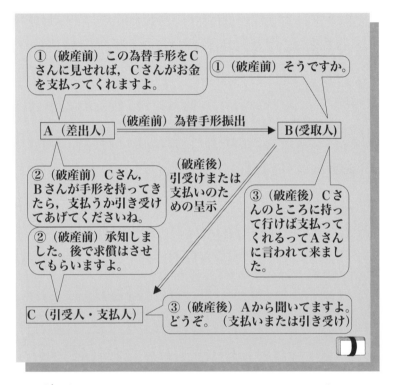

為替手形とは、振出人が引受人・支払人に対して、受取人への金銭の支払いを委託する証券です。隔地者間での代金決済などに利用されます。

●3● 破産債権の額

　破産債権の金額は，金銭債権については債権の元本，利息および遅延損害金の総額です。金銭債権でないものについては，破産手続開始時の評価額が債権額となります。

破産債権の金額
①金銭債権
　債権の額面額の他，利息および遅延損害金を含む
②非金銭債権
　破産手続開始時における評価額

❖多数当事者債務の場合

　破産手続開始後は破産債権の個別行使は禁止されるので，債権者は破産者から任意の弁済を受けることはできません。

　ただし，破産者と他の者が共同で，不可分債務（民法 430 条）や連帯債務（民法 436 条）など債務の全額の履行責任を負っている場合は，破産者以外の債務者からならば，破産手続開始後であっても，任意の弁済を受けることは一向に差し支えありません。

　そもそも，一人の債務者が破産などの状況に陥ったときのリスクを回避するために，連帯債務などの形態が利用されるわけですから，このことは当然です。

　他方で，破産した者の破産手続には，債権者は債権額全額を破産債権として破産手続に加入できます（破産法 104 条）。破産がなければ破産者に対して債権全額を請求できていたのですか

ら，これも当然のことです。

破産債務者が内部的にどのような負担部分を有していたかは，破産債権の額に影響しません。

なお，連帯保証人に対する債権についても，破産法104条によってやはり債権額全額が破産債権となります。

❖同債務者による一部弁済

問題となるのは，連帯債務や不可分債務について，破産手続開始決定の前後に共同債務者から債権の一部弁済を得ていた場合の扱いです。

この点現行破産法は，破産債権額は「破産手続開始時」の共同債務の「現存額」を基準として決定されるとしています（破産法104条1項）。これを**現存額主義**といいます。現存額主義によれば，破産手続開始前に一部弁済を受けた部分については，もはや破産債権額とすることはできません。

連帯債務や不可分債務は一部弁済された限度で消滅し，破産手続開始の決定時点では債権として残っていないからです。

一方，破産手続開始後に債権者が破産者以外の共同債務者から任意弁済を受けても，すでに破産手続に加入している破産債権の額は影響を受けないことになります。

現存額主義は，破産手続開始前については弁済により債務が消滅するという民法の原則に従いつつ，破産債権額を破産手続開始時の債権額で固定することにより債権者の利益にも配慮する考え方です。

他の立法論としては，債権者の利益を重視し破産手続開始前の一部弁済を考慮しない考え方＝本来債権額主義や，他の破産債権者の利益を重視して破産手続開始後の任意弁済により破産債権額が減少していく考え方＝控除残額主義などがあります。

共同債務の一部任意弁済の場合の扱い：現存額主義

①破産手続開始前の他債務者による一部弁済

　本来の債権額から一部弁済額を差し引いた額が破産債権額と

　なる。

②破産手続開始後の他債務者による一部任意弁済

　破産債権額に影響を及ぼさない。

破産法104条〔全部の履行をする義務を負う者が数人ある場合等の手続参加〕①数人が各自全部の履行をする義務を負う場合において，その全員又はそのうちの数人若しくは一人について破産手続開始の決定があったときは，債権者は，破産手続開始の時において有する債権の全額についてそれぞれの破産手続に参加することができる。

②前項の場合において，他の全部の履行をする義務を負う者が破産手続開始後に債権者に対して弁済その他の債務を消滅させる行為（以下この条において「弁済等」という。）をしたときであっても，その債権の全額が消滅した場合を除き，その債権者は，破産手続開始の時において有する債権の全額についてその権利を行使することができる。

③第一項に規定する場合において，破産者に対して将来行うことがある求償権を有する者は，その全額について破産手続に参加することができる。ただし，債権者が破産手続開始の時において有する債権について破産手続に参加したときは，この限りでない。（後略）

[用語チェック]

〔　〕内に適当な語句を補って文章を完成させなさい。

□　債務者が破産手続開始決定を受けると，その債務者に対して有していた債権は〔ア〕となり，個別行使が許されなくなります。

ア：破産債権

□　〔ア〕は，〔イ〕に帰属する財産から配当を受けることで，満足がはかられます。

イ：破産財団

□　〔ア〕のうち，配当による満足が得られなかった部分については，〔ウ〕終結後に再度弁済を求めることが可能です。

ウ：破産手続

□　〔ア〕として認められるには，金銭的評価が可能でなければなりませんが，金銭の支払いを目的とするいわゆる〔エ〕である必要はありません。

エ：金銭債権

□　差押えや換価といった〔オ〕手続による実現が可能な債権でなければ，〔ア〕とは認められません。

オ：強制執行

□　〔ア〕として認められるには，〔カ〕時に請求可能である必要はないですが，その発生原因が〔カ〕前に存在していることが必要です。

カ：破産手続開始

□　〔ア〕が〔キ〕である場合，破産法の規定により，破産手続開始時に弁済期が到来したものとみなされます。

キ：期限付債権

□　〔ク〕が破産したときは，主たる債務者が不履行になっていない場合でも債権者は〔ウ〕に加入できます。

ク：保証人

ケ：求償権	□ 〔ク〕や連帯債務者は，主たる債務者や他の連帯債務者が破産した場合には，〔ケ〕を根拠として〔ウ〕に加入することができます。
コ：打切主義	□ 条件付債権，保証債権や〔ケ〕が〔ア〕となる場合，〔ウ〕の終了までにその債権が請求可能とならなければ，結局配当を受け取ることはできません。この建前を〔コ〕といいます。
サ：引受け	□ 〔ケ〕を〔ア〕として〔ウ〕に加入する場合，その発生原因は〔カ〕前に生じていなければならないのが原則ですが，為替手形の振出人や裏書人が〔カ〕を受けた後に〔サ〕や支払いを行った手形債務者は，〔カ〕について善意であれば〔ウ〕に加入できます。
シ：現存額主義	□ 連帯債務者や不可分債務者の一人が〔カ〕を受けた場合，〔ア〕は〔カ〕時に現存していた額に制限される反面，〔カ〕後に他の共同債務者から任意に債務の一部弁済を受けても〔ア〕の額は減少しません。このような立法主義を〔シ〕といいます。

5時間目
破産者財産の公平な分配⑤
破産手続の進行

●0● はじめに

　破産手続開始決定がなされると，最終的な破産手続の目的である配当に向けて，破産手続が本格的に動き出します。破産手続開始の決定後の手続の流れをおおまかに示すと，図のようになります。

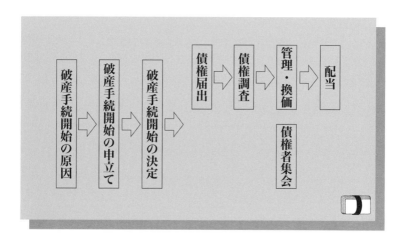

破産手続開始の原因　⇒　破産手続開始の申立て　⇒　破産手続開始の決定　⇒　債権届出　⇒　債権調査　⇒　管理・換価　債権者集会　⇒　配当

●1● 債権届出

　破産手続開始決定の公告や通知で取引相手が破産手続開始の決定を受けたことを知った債権者は，破産者に対する債権について破産手続で配当を受けたい旨を破産裁判所に対して申し出ます。これを破産債権の届出といいます。

　破産管財人に届け出るのではありませんので注意しましょう。

❖届出期間

　破産債権の届出期間は，破産手続開始決定時に同時処分とし

て破産裁判所によって決定されます（破産法31条1項1号）。

　旧法は，この届出期間を経過した場合でも，破産手続の終了までに債権の届出がなされれば，配当を受けることを認めていました。

　しかし，新法では，債権調査期間（96ページ以下参照）の経過後または債権調査期日の終了後の届出が制限されました。①破産債権者がその責めに帰することができない事由によって破産債権の届出をすることができなかった場合であり②その事由が消滅したあと一ヵ月以内である，場合のみ受付けることにしています（破産法112条）。

❖破産債権者表

　届けられた破産債権は，破産裁判所によって一覧表の形式にまとめられ，破産管財人に渡されると共に関係者の閲覧に供されます（破産法115条，11条）。この一覧表を破産債権者表といいます。

●2●
債権者集会
❖招集

　破産手続開始決定後，破産裁判所は債権者を集めて会議を開催します。これを債権者集会といいます。

　債権者集会の招集権は裁判所にありますが，破産管財人，債権者委員会や法定要件を満たした債権者には申立権があり，この申立てを受けて破産裁判所が招集するか否かを判断します（破産法135条1項）。申立てがなくとも，裁判所自ら債権者集会を招集することもできます（破産法135条2項）。

　また裁判所は，破産者の財産状況を報告するために召集する

財産状況報告集会の期日については，破産手続開始決定の同時処分として定めるとされています（破産法31条1項2号）。

ただし，招集することが相当でないと判断すれば，定める必要はありません。

❖債権者集会の機能

債権者集会は，破産管財人等が破産手続について債権者に報告や説明を行うことと，破産手続に破産債権者の意見を反映させるべく破産債権者の議決を行うことの2点を目的として開催されます。債権者集会の機能としてより重要なのは，後者の議決権限であることはもちろんです。

しかし，新法は手続の機動性を高める等の理由により，債権者集会の決議対象とされていた事項のほとんどを廃止しました。また債権者集会の開催自体，旧法は必要的な場合を定めていたのに対し不要とし，開催が法定されている場合も省略できるという任意化がなされています。

財産状況報告集会など

破産法135条〔債権者集会の招集〕①裁判所は，次の各号に掲げる者のいずれかの申立てがあった場合には，債権者集会を招集しなければならない。ただし，知れている破産債権者の数その他の事情を考慮して債権者集会を招集することを相当でないと認めるときは，この限りでない。
一　破産管財人
二　第百四十四条第二項に規定する債権者委員会
三　知れている破産債権者の総債権について裁判所が評価した額の十分の一以上に当たる破産債権を有する破産債権者

❖議決事項

　破産手続は破産債権者が公平に配当を受けることを目的の一つとしていますから，その手続上の決定には債権者の意思が反映されることが望ましいと言えます。

　この点，新法では，破産者などに対する説明の求め（破産法40条1項柱書），破産管財人に対する状況報告の求め（破産法159条）の2つが決議事項とされました。この決議は，裁判所が破産管財人・破産財団の管理・換価を監督するのにおいて反映されることになります。

❖決議方法

　債権者集会に出席した破産債権者は，その有する確定債権額に応じた数の議決権を有します（破産法140条1項）。大口債権者ほど，たくさんの議決権を有しているということです。株式数に応じた議決権を有する株主総会に似ています。

　債権者集会の決議は原則として，議決権を行うことができる出席債権者の議決権の過半数を超える者の賛成があれば，成立します（破産法138条）。また改正により，期日が開かれず書面等投票によって決議を行うことも可能になりました（破産法139条2項2号）。書面の場合も同じ基準を満たせば決議が成立します。

　成立した決議は，決議に賛成しなかった破産債権者を含め，全ての利害関係人を拘束します。

　なお，破産手続開始後の利息など，配当において他の債権よりも劣後的な扱いを受ける債権（破産法99条）については，議決権はありません（破産法142条1項）。

3

債権調査

　債権の届出がなされても，それは，そのように債権者が主張しているにすぎず，本当に主張内容どおりの債権が存在するかは定かではありません。

　本当は債権者ではない者が，配当目当てで債権者を装って届出をしたかもしれません。

　破産手続のような強制執行的要素のある手続は，本来は，民事訴訟によって公的に債権の存在が証明された後で行われるのが一般的な原則です（民執法22条1号）。しかし迅速性を要求される破産手続において全届出債権について勝訴判決を要求することはとうてい現実的ではないので，破産債権の確定自体も，破産手続の中で簡易・迅速に行われます。

　すなわち，関係者の意見を裁判所が集め，その債権の存在を破産管財人が認め，破産債権者および破産者からの異議もなければ確定するという方法が取られます。この手続を債権調査と言います。

　旧法においては，債権調査期日における破産管財人などの口頭による異議方式のみを認めていました。しかし，手続の効率性を高めるため，新法では，調査期間内に書面によって調査を進めていくことを原則としています（破産法116条1項）。

　また，債権調査期日において存在や内容が確定された破産債権を，確定債権といいます。確定債権は，その存在が公的に認められるばかりでなく，破産債権者表を債務名義とする強制執行力も有します。そして，この強制執行力は破産手続終結後も失われません（破産法221条1項，124条）。

　一方，ある破産債権の存在，金額，優先関係などについて関係者から異議が出された場合は，破産債権を届け出た者とそれ

に対して異議を出した者との間で，民事訴訟手続により破産裁判所が債権の存在内容につき白黒をつけます（破産法125条1項本文）。これを**破産債権査定手続**といいます。

　旧法では，異議のある破産債権確定のための手続として破産債権確定訴訟という制度がありました。しかし，これが破産手続を遅延させていると言われていたため，判決ではなく決定によって迅速な審理ができる査定決定手続が採用されたのです。

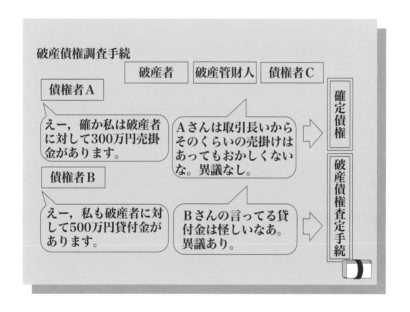

破産法116条〔破産債権の調査の方法〕①裁判所による破産債権の調査は，次款の規定により，破産管財人が作成した認否書並びに破産債権者及び破産者の書面による異議に基づいてする。
②前項の規定にかかわらず，裁判所は，必要があると認めるときは，第三款の規定により，破産債権の調査を，そのための期日における破産管財人の認否並びに破産債権者及び破産者の異議に基づいてすることができる。

❖債権調査期間

　債権調査期間は，破産手続開始決定の同時処分により決定されます（破産法31条1項3号）。この債権届出期間の満了後に行われる債権調査の期間を一般調査期間といいます。この期間内に，破産管財人は届けられた債権の額などについて認否書を作成して裁判所に提出します。他方，破産債権者は，書面によって異議を述べることができます。破産者も破産債権の額については，書面で異議を述べることが認められています。

　一般調査期間とは別に，必要に応じて後から加入してきた債権のための調査期間も開かれます。これを特別調査期間といいます。

　一般調査期間も特別調査期間も債権調査の手続内容に変わりはありませんが，特別調査期間開催の費用は，届出期間を遅滞した債権者の負担となります（破産法119条3項）。

①一般調査期間
債権届出期間に届け出られた債権についての調査期間
②特別調査期間
債権届出期間に遅滞して届け出られた債権についての調査期間

❖債権調査期日

　債権調査期間における書面方式の調査の例外として，裁判所が必要があると認めるときは，期日を開いて，口頭の陳述で調査が行われます（破産法116条2項）。この期日を一般債権調査期日といい，破産裁判所の主催で，破産管財人，破産者本人，および届出債権者が出席して開かれます（破産法121条）。

債権届出期間経過後に届けられた破産債権については，裁判所が必要と認めた場合は特別調査期日が設けられます。

❖異議

　届出債権について破産管財人や他の債権者から異議が述べられたときは，その債権は確定せず，破産債権査定手続による決着がはかられることは既に述べました。破産者も届出債権について異議を述べることができますが，その異議は破産手続における債権確定には影響しません。破産者の責任財産は破産財団に限られていて，その総財産は全債権を完全に満足させるにはもともと足りないわけですから，破産債権の確定は破産債権者内での分配に影響するにすぎないからです。

　その意味では，ある債権が破産債権とされるかどうかは，破産手続上においては，破産者に何の影響も及ぼしません。

　したがって，破産者の異議は，破産手続の終結後に，その債権が破産債権者表に基づいて強制執行可能になることを防止するという点においてのみ意味があります（破産法221条2項）。

　ここで破産者が異議を述べておかなければ，破産手続終結後に破産債権者表に基づいて強制執行されてしまいます。破産者が異議を述べた場合には，その債権者は，一般原則どおり破産手続終了後に通常の民事訴訟を提起して勝訴判決を得なければなりません。

❖破産債権査定手続

　破産債権査定手続は，異議が提出された債権の届出者と，異議を提出した者（他の債権者か破産管財人）との間で行われます。破産者が述べた異議は債権確定には影響がないので，破産者が当事者となることはありません。

まず異議が提出された債権の届出者が，異議者全員を相手方として一定の期間内に裁判所に査定の申立てをします（破産法125条）。査定申立てがなされた場合，裁判所は，不適法却下の場合を除き，決定で，異議などのある破産債権の存否・額等を査定する裁判（破産債権査定決定）をしなければなりません。

　そして，この決定に不服のあるものは，その送達を受けた日から1月の不変期間内に，異議の訴えを提起することができます（破産法126条1項）。これを**破産債権査定異議の訴え**といい，不適法却下の場合を除き，破産債権査定申立てについての決定を認可し，又は変更する判決が出されます（破産法126条7項）。

かつての債権確定訴訟に換わる手続です

●4●
破産財団の管理・換価

　前に述べたように，破産管財人は破産手続開始決定と同時に就任し，破産財団を管理します。その一方で，破産債権者の利益実現のため，適当な時期に換価を行います。実際に破産財団に属する財産を売却し現金化していくのです。

　旧法では，一般の債権調査が終了するまでは換価ができないとされていましたが，新法ではいつでも換価可能になりました。

破産法125条〔破産債権査定決定〕①破産債権の調査において，破産債権の額又は優先的破産債権，劣後的破産債権若しくは約定劣後破産債権であるかどうかの別（中略）について破産管財人が認めず，又は届出をした破産債権者が異議を述べた場合には，当該破産債権（中略）を有する破産債権者は，その額等の確定のために，当該破産管財人及び当該異議を述べた届出をした破産債権者（中略）の全員を相手方として，裁判所に，その額等についての査定の申立て（以下「破産債権査定申立て」という。）をすることができる。（後略）

換価行為・方法については，原則として破産管財人の裁量に任されています。民事執行法上の換価では，裁判所の競売によらなければなりませんが，破産財団の換価では，必ずしも競売の方法をとる必要はなく，破産管財人の判断で任意の相手に売却して構いません。

破産手続の迅速性の要求に基づくルール

　ただし，不動産，船舶，無体財産権などの任意売却，営業または事業の譲渡，商品の一括売却などには，裁判所の許可が必要です（破産法78条2項）。そして不動産や無体財産権の任意売却については，裁判所の許可がない場合は，民事執行法その他強制執行の手続に関する法令の規定によることになります（破産法78条2項1号2号，184条1項）。

　実際には任意売却の方が高額で迅速に売却できることが多いため，実務上は不動産等についても任意売却が原則的な換価方法となっています。

換価方法
原則：破産管財人が，任意の方法で売却するのが原則
例外：不動産などの重要な財産について，裁判所の許可が得られなかったときは，民事執行法が定める競売による売却

破産法78条〔破産管財人の権限〕破産手続開始の決定があった場合には，破産財団に属する財産の管理及び処分をする権利は，裁判所が選任した破産管財人に専属する。
② 破産管財人が次に掲げる行為をするには，裁判所の許可を得なければならない。
一 不動産に関する物権，登記すべき日本船舶又は外国船舶の任意売却
（後略）

配当

　破産財団の財産が現金化されれば，適宜破産債権者に分配されます。これを配当といいます。

❖配当表

　配当は破産管財人が行います。破産管財人は，現実の金銭の交付に先立って，どの債権者にいくらの金額を配当するかを一覧表に作成します（破産法196条）。これを配当表といいます。

　破産法196条で要求されているのは，全債権者に対する配当金額の総額＝配当可能金額ですが，実務では破産債権者ごとの個別金額も記載されています。

　破産管財人の作成した配当表は，破産裁判所に提出されるとともに公告し，または届出をした破産債権者に通知しなければなりません（破産法197条）。そして，配当内容につき，関係者から異議が申し立てられなければ，配当表通りに破産財団の財産分配が行われることが確定します（破産法200条1項，201条）。

　届出債権に対して，現実に配当がなされた割合を配当率といいます。100％の配当がなされることはまずなく，数％から20数％の配当率に留まることが多いようです。

　債権者への現金の交付は，破産債権者が破産管財人のところに出向いて直接受け取るのが原則です（破産法193条2項）。

破産法196条〔配当表〕破産管財人は，前条第二項の規定による許可があったときは，遅滞なく，次に掲げる事項を記載した配当表を作成し，これを裁判所に提出しなければならない。

一　最後配当の手続に参加することができる破産債権者の氏名又は名称及び住所（後略）

　配当は各破産債権者にわけへだてなく公平に行われるのが原則ですが，破産債権の中にはその性質上他の債権よりも優先的に配当を受けたり，劣後した扱いを受けるべきものがあります。他の破産債権よりも破産財団から優先的に配当を受けるものを優先的破産債権，他の破産債権よりも配当において劣後するものを劣後的破産債権といいます。またこのような優先または劣後の地位にない通常の破産債権を一般的破産債権といいます。

　なお優先的破産債権や劣後的破産債権の中で，さらに配当に順位がつけられることがあります（民法329条，306条など）。

(1)優先的破産債権

　一般の先取特権など，実体法上一般的な優先権を有する債権は，優先的破産債権として破産財団から優先的に配当を受けます（破産法98条）。

　雇用契約から生じた債権などが一般の先取特権の例です（民法308条など）。

....

破産法197条〔配当の公告等〕①破産管財人は，前条第一項の規定により配当表を裁判所に提出した後，遅滞なく，最後配当の手続に参加することができる債権の総額及び最後配当をすることができる金額を公告し，又は届出をした破産債権者に通知しなければならない。
民法329条〔一般の先取特権の順位〕①一般の先取特権が互いに競合する場合には，その優先権の順位は，第三百六条各号に掲げる順序に従う。
民法306条〔一般の先取特権〕次に掲げる原因によって生じた債権を有する者は，債務者の総財産について先取特権を有する。
一　共益の費用　　二　雇用関係　　三　葬式の費用　　四　日用品の供給

(2) 劣後的破産債権

破産手続開始後の利息や遅延損害金，破産手続参加費用などの破産債権は，優先的破産債権と一般的破産債権への配当が終了してなお残余がある場合のみ配当がなされます（破産法99条1項1号）。現実には100％の配当率が望めない以上，これら劣後的債権とされるものは，配当を全く得ることができないことを意味します。実はこれらの債権は，後に免責の対象とするために破産債権とされているにすぎないのです。したがって，劣後的破産債権には，債権者集会における議決権も認められません（破産法142条1項）。

① 優先的破産債権
② 劣後的破産債権
③ 一般的破産債権

❖中間配当と最後配当

配当は，全ての破産財団の財産が現金化されるのを待って一時に行う必要はありません。破産管財人の判断で，随時配当を行うことができます（破産法209条）。破産債権者としては配当の一部であっても一刻も早く現実の支払いを受けたい者もいるでしょうからね。

破産財団の一部につき行われる配当を中間配当といい，破産財団に属する財産の全部の換価が終わったあとに行われる配当を最後配当といいます（破産法195条）。最後配当がなされると，破産手続もほぼ終了ということになります。

そして，最後配当や破産手続終結後に，まだ財産が残ってい

た場合に行われる配当を追加配当といいます（破産法215条1項）。

①中間配当
②最後配当
③追加配当

❖簡易配当と同意配当

　さらに新法では，最後配当に代わるものとして2つの配当方法が新設されました。

　簡易配当とは，配当可能金額が1000万円に満たないなどの一定の条件を満たす場合に（破産法204条1項），最後配当よりも手続を簡略化し，迅速な配当が行える制度です。破産管財人の申立てにより，裁判所書記官の許可を得て行われます。中間配当を実施した場合には簡易配当は許されません。

　同意配当とは，破産管財人の定めた配当表などについて，届出をした破産債権者全員が同意している場合に，配当手続を簡易配当より更に簡略化するものです（破産法208条）。ちなみに，中間配当をした場合でも，同意配当を行うことは許されます（破産法207条）。

●6●
破産手続の終了
❖配当による破産の終結

　最後配当（簡易配当または同意配当）の後，破産管財人は計算の報告書を裁判所に提出し，計算の報告を目的として債権者

集会招集の申立てをします。債権者集会において，計算報告に対する破産債権者などからの異議がなければ，破産手続は目的を達して終結し，破産管財人の任務も終了します (破産法88条)。

債権者集会の招集を，書面による計算報告に代えることも認められています (破産法89条1項)。

破産裁判所は，債権者集会の終了後または計算の報告書に対する異議提出期間が経過したら，破産終結の決定を行い，決定主文と理由の通知・公告を行います (破産法220条1項，2項)。以上をもって破産手続は正式に終結となります。

ただし，破産手続終結後も追加配当が行われることがあるのは前述しました。

もっともここで終結するのは，破産者の財産を債権者で公平に分配するという手続です。破産者の多くは，配当後に残された残債務が法的に免責されたり，破産手続開始決定によって課せられた不利益の解除を望んでいるため，そのための手続が引き続き行われるのが通常です。これらの手続は，免責手続や復権手続という破産手続とは別個の手続として，破産者が破産裁判所に申立を行うことにより開始されます。

❖破産手続廃止

破産手続は，さまざまな事情により破産者の財産の配当という当初の目的を達することなく終了することがあります。これを破産手続廃止といいます。

(1)財団不足による破産手続廃止

破産財団が管財人報酬その他の破産手続費用を捻出するにも足りない場合には，破産手続を進める意味がないので破産手続廃止がなされることは前述しました。破産手続開始決定の時点

で財団不足が判明している場合の破産手続廃止を同時破産手続廃止（破産法216条1項），破産手続開始後，手続中に財団不足が判明した場合の破産手続廃止を異時破産手続廃止（破産法217条1項）ということも既に述べました。

(2)債権者の同意による破産手続廃止

　破産者が，全届出債権者の同意を得て破産裁判所に求めることによりなされる破産手続廃止です（破産法218条1項）。単に**同意廃止**とも呼ばれます。破産手続開始決定がなされたが，破産者と破産債権者の協議などにより，やはり破産手続によらずに任意整理や和解を行うことにした場合などに同意廃止がなされます。

　破産手続開始後は破産手続開始の申立ての取下げは認められないと考えられているので，破産手続開始後に関係者の意思によって破産手続を終了させるには，同意廃止の方法しかありません。

Ⅰ．**破産手続の終結**
　配当という目的を達したことによる破産手続の終了
Ⅱ．**破産手続廃止**
　破産手続の目的を達せずに破産手続を終了させる関係者や裁判所の行為
　①同意廃止—破産者と全届出債権者の同意による廃止
　②財団不足による廃止
　・同時廃止—破産手続開始決定と同時に行われる廃止
　・異時廃止—破産手続中に行われる廃止

[問題]

次の各記述の正誤を述べなさい。

ア）破産債権は，破産手続開始決定の際に定められた届出期間中に破産管財人に届けなければ配当を受けることができません。

イ）破産債権者は，債権者集会において破産管財人から手続の見通しや結果について説明を受けることができる他，破産手続に関する一定の事項を決議により決定することができます。

ウ）破産債権として届け出て手続に加入するには，債権の存在を証明する確定判決や公正証書が必要です。

エ）債権調査期間において異議がなかった債権は破産手続で配当を受けることができますが，破産手続終了後にその債権につき通常の民事執行手続を行うには，改めて確定判決その他の債務名義を取得する必要があります。

オ）債権調査期間において破産者だけが異議を述べた債権は，確定破産債権とはならず，破産債権査定手続によってその存在と金額が認められない限り配当を受けることはできません。

カ）破産債権査定手続では，債権調査期間において異議を述べた者が常に原告となります。

キ）破産財団の換価は，売却の公正性を確保するため，一般の強制執行手続と同じく入札や競り売りといった競売によって売却されます。

ク）破産管財人は，全ての破産財団の財産の換価が終わるまでは，配当を行うことはできません。

ケ）破産財団に配当可能な財産が存在する場合でも，債権者や破産者の意向によっては，破産手続が途中で終了されることがあります。

[解答]

ア）誤：届出期間後に届け出られた債権も，一定の場合（破産法112条）には配当を受け取ることはできます。また，破産債権の届出先は破産管財人ではなく，破産裁判所です。

イ）正：破産財団の管理・処分に関する事柄など，一定の破産手続上の事項については，債権者集会の決議が反映されます。

ウ）誤：破産債権の存否や金額については，届出後に債権確定手続により確定されます。したがって届出時に存在や金額が公に証明や確定されている必要はありません。

エ）誤：確定債権は配当表を債務名義として破産手続終了後に強制執行を行うことができます。改めて確定判決等を取得する必要はありません。

オ）誤：債権調査期日における破産者の異議に破産債権の確定を妨げる効力はありません。

カ）誤：確定判決など債務名義を既に有している債権の場合は，異議を述べた者が原告となりますが，債務名義を有しない債権の場合はその債権の権利者が原告として訴訟を追行するものとされます。

キ）誤：破産財団の換価は破産管財人が任意売却の方法で行うのが原則です。一定の財産について裁判所の許可が得られなかった場合のみ民事執行法による競売の方法がとられます。

ク）誤：配当に適する現金が生じたときは，適宜破産管財人の判断で中間配当を行うことができます。

ケ）正：全債権者と破産者が合意したときは，破産手続は破産手続廃止の申立により終了します。

破産手続開始前の
法律関係の整理

はじめに

　破産手続開始決定によって，破産者の財産は破産財団に帰属し，破産者は自身の権利義務についての管理・処分権を失います。

　ところで，破産財団に帰属した財産の中には，破産手続開始前から係争中であったり，契約関係が未履行であるものも含まれています。これらの契約関係の処理も，やはり破産管財人が行うことになりますが，具体的な処理方針は契約類型ごとに破産法や民法が定めるところによることになります。

●1●
双務契約
❖売買契約等

　Aは，Bから土地を購入する売買契約を締結していたが，Aについて破産手続開始決定がなされてしまったという事例を考えてみましょう。

　もし，買主Aが代金債権を履行済みであれば，売主Bにはもはや何の権利も残っていません。買主Aが売主Bに対して土地引渡しを求める債権だけが破産財団に帰属し，破産管財人が破産者Aに代わって土地の引渡しを売主Bに対して求めるだけで，話は簡単です。

　一方，売主Bが破産手続開始の決定前に土地引渡しを先履行済みで，代金債権の履行だけが残されている場合はどうでしょう。この場合は，破産手続開始の決定によって売主Bはこの債権の個別行使が禁止され，破産債権として配当を受けるだけの扱いとされます。

　問題となるのは，破産手続開始の決定時点において，引渡し

も代金支払いも共に履行されていない場合の，破産手続上の扱いです。

　この場合も破産手続の一般原則に従うとすると，売主Bは土地の引渡しの全てを履行しなければならないのに対して，その対価である代金債権については，破産手続上の配当によって代金の一部の支払いしか受けられないことになります。

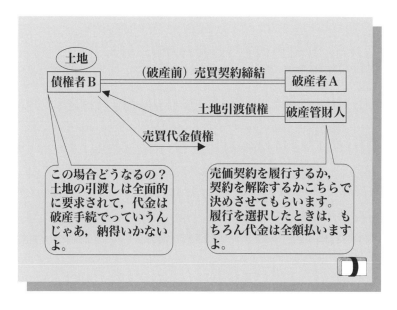

　しかし，双務契約において，債権債務が互いに対価的関係に立っていることを考えた場合，この結論ではBに一方的に酷な結果を生じることになります。そこで，双務契約において破産手続開始の決定時に未だ双方の債務が履行されていない場合については，実体上双方の債権の対価的牽連性が維持されていることを考慮して，破産手続上の特則が設けられています。

　すなわち，このような場合破産管財人は(1) 契約の相手方に

契約の履行を求めるとともに，代金全額を，破産財団から契約の相手方に支払うか(2)契約の履行を解除する必要があります(破産法53条1項)。

この選択権を行使できるのは破産管財人だけです。契約の相手方（設問のB）には選択権はありません。しかし，契約の相手方は，解除と履行のいずれを選択するかを期間を定めて破産管財人に催告することはできます。期間内に返答がなければ，契約は解除したものとみなされます（破産法53条2項）。

破産管財人が契約の履行を選択した場合，Bの代金債権は全額が破産財団から優先的に支払われる扱いとなります（破産法148条1項7号）。

このような優先的扱いを受ける債権を**財団債権**といいます。

この規定によって，少なくとも設問のBが完全な履行を余儀なくされたうえ対価は破産債権，という最悪の立場におかれる事態は回避されます。　詳しくはP130以降で説明します

なお，破産管財人が契約の履行を選択するには，破産裁判所の許可が必要です（破産法78条2項9号）。一般に，契約の履行を選択した方が破産財団にかかる負担は大きいからです。

破産法53条〔双務契約〕①双務契約について破産者及びその相手方が破産手続開始の時において共にまだその履行を完了していないときは，破産管財人は，契約の解除をし，又は破産者の債務を履行して相手方の債務の履行を請求することができる。
②前項の場合には，相手方は，破産管財人に対し，相当の期間を定め，その期間内に契約の解除をするか，又は債務の履行を請求するかを確答すべき旨を催告することができる。この場合において，破産管財人がその期間内に確答をしないときは，契約の解除をしたものとみなす。

双務契約未履行の場合の処理原則 (破産法53条)

①破産管財人が，履行か解除かを選択する。

②契約の相手方には選択権はないが，催告権がある。

③破産管財人が履行を選択した場合，破産者が負担すべき債務は，財団債権として保護される。

❖賃貸借契約

(1)賃借人破産の場合

　破産手続開始前から存続する賃貸借契約について賃借人が破産した場合は，破産法53条の原則どおり，賃借人の破産管財人が履行か解除かを選択します。

　解除が選択された場合は，賃借人の敷金返還請求権は破産財団に所属され，賃貸人の損害賠償請求権は破産債権となります。

　履行が選択された場合は，賃料債権は過去の未納分があればそれも含めて財団債権となります。

　以前は，賃貸人にも解約権を与える民法の特則がありましたが，これは賃貸人を優遇しすぎるものとして強く批判されていたため，削除されています。

(2)賃貸人破産の場合

　一方，賃貸人の破産において破産法53条を適用し賃貸人の破産管財人に履行か解除の選択権があるとするとどうでしょう。賃借人にとっては，賃貸人の破産という自分に何の関係もない事情によって，生活の基盤である賃借土地や賃借家屋に対する権利を失ってしまうことになります。

　そこで，賃借人保護の見地から，賃貸人の破産の場合には破

産法53条は適用されず，賃貸借契約はそれまでどおり存続するとの見解が，通説的理解になっていました。

新法は，この見解を立法化し，賃借権その他の使用及び収益を目的とする権利について，破産者の相手方が登記，登録その他の第三者対抗要件を備えている場合には，53条1項及び2項の適用を排除しました（破産法56条1項）。すでに財産権として確定的に保持している利益を解除によって失わせるのは公平に反するというのが立法趣旨です。

賃借契約が存続する場合に，賃借人の有する請求権は，財団債権とされます。これに対し，破産手続開始後に発生した賃料債権は破産財団に帰属します。これは破産手続開始前に生じた原因に基づいて将来行使することができる請求権だからです（破産法34条2項）。破産手続開始後の賃料債権は，破産手続開始後に破産者が取得した財産として自由財産となるわけではありませんので，注意してください。

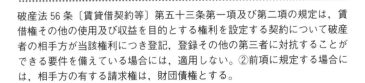

①賃借人が破産した場合
　原則どおり破産管財人が履行か解除を選択
②賃貸人が破産した場合
　破産管財人の選択権を制限（破産法56条1項）

破産法56条〔賃貸借契約等〕第五十三条第一項及び第二項の規定は，賃借権その他の使用及び収益を目的とする権利を設定する契約について破産者の相手方が当該権利につき登記，登録その他の第三者に対抗することができる要件を備えている場合には，適用しない。②前項に規定する場合には，相手方の有する請求権は，財団債権とする。

(1) 使用者破産の場合

雇用契約において使用者が破産した場合には，破産管財人だけではなく労働者の側からも雇用契約を解約することができます（民法631条）。破産法53条に対する例外です。

労働者の側からも解約できるとしたのは，使用者が破産すれば事業の継続や雇用の維持は難しくなるのが通常なのに，労働者がいつまでも契約に拘束されるのは不合理だからです。

解約申入れから雇用終了までの予告期間（民法627条）中や破産手続開始後も雇用関係が継続した場合にそこから生じた債権については，財団債権として全額が優先的に支払われることになります（破産法148条1項8号）。

一方，破産手続開始前の賃金については当然，破産債権として取り扱われます。

ただし，先取特権を有する債権として，他の破産債権よりも優先的な取り扱いを受けます（民法306条2号，破産法98条）。

(2) 労働者破産の場合

労働者が破産した場合には破産法53条の適用はなく，破産管財人側からも雇用契約を解約することはできないと考えられています。労働者の雇用契約上の権利は一身専属的な権利であって，いかに破産手続開始の決定を受けたとはいえ，他者である破産管財人の処分管理に委ねることは妥当ではないからだと言

民法631条〔使用者についての破産手続の開始による解約の申入れ〕使用者が破産手続開始の決定を受けた場合には，雇用に期間の定めがあるときであっても，労働者又は破産管財人は，第六百二十七条の規定により解約の申入れをすることができる。この場合において，各当事者は，相手方に対し，解約によって生じた損害の賠償を請求することができない。

われています。したがって，労働者が破産手続開始決定を受け
ても，雇用関係は何ら影響を受けずにそのまま存続することに
なります。

　また，破産手続開始後の賃金債権についても破産法34条2
項の適用はなく，自由財産として破産者の処分可能な財産とな
ります。ただし，破産手続開始前にすでに具体的に生じている
未払賃金については破産財団に帰属することになります（破産
法34条2項）。

　退職金は賃金の後払いと考えられるので，破産手続開始後に
労働者が現実に退職した場合，退職金債権は破産財団に帰属し
ます。

①使用者が破産した場合
　破産管財人，労働者の双方が解約を選択できる（民法631条）
②労働者が破産した場合
　雇用契約は破産手続開始決定の影響を受けることなく存続す
る（破産法53条の適用外）

❖請負契約

(1)注文者破産の場合

　請負契約の注文者が破産したときは，破産管財人，請負人の
双方から契約解除ができます（民法642条1項）。

　やはり破産法53条の特則です。

　請負人が契約を解除した場合は，それまでに行った仕事の報
酬や費用は，破産債権として配当を受けることとなり，それ以
上の損害賠償を請求することはできません（民法642条3項）。

(2) 請負人破産の場合

　請負契約も一種の労務提供契約ですから，雇用契約と同様に考えれば破産法 53 条の適用はないとも考えられます。そうだとすれば，請負人が破産してもその契約関係には何ら影響はなく，破産手続開始後に発生した報酬請求権も請負人の自由財産となります。

　しかし，雇用契約についてこのような扱いがなされる根拠を考えてみると，それは労働者の個性に依存した一身専属的な性質の契約だという点に求められます。

　請負契約でもたとえば芸術作品の完成などは，他の者が代わって行っても意味がないので，一身専属的な性質があるといってよいでしょう。

民法 642 条〔注文者についての破産手続の開始による解除〕注文者が破産手続開始の決定を受けたときは，請負人又は破産管財人は，契約の解除をすることができる。ただし，請負人による契約の解除については，仕事を完成した後は，この限りでない。

③第一項の場合には，契約の解除によって生じた損害の賠償は，破産管財人が契約の解除をした場合における請負人に限り，請求することができる。この場合において，請負人は，その損害賠償について，破産財団の配当に加入する。

しかし請負契約は，雇用関係と同じ労務提供契約とはいえ，請負人個人の個性に依存した一身専属的なものばかりだとは必ずしも言えません。

家屋の建築のように他人が代わって仕事を完成させることができる請負契約もたくさんあります。

そこで請負契約を，他の者が代わって行うことができないような高度に個性的なもの＝代替性のない請負契約と，他の者が代替して行えるような性質のもの＝代替性がある請負契約とに分けて考える見解が一般的です。

すなわち，前者は雇用契約と同じく一身専属的性質があるので，破産手続開始決定の影響を受けることなく存続します。しかし，後者についてはことさら破産法53条の原則と異なる扱いをしなければならないほど特殊な双務契約ではないので，原則どおりとするのが通説的な見解であり，判例の立場でもあります。

したがって，代替性のある請負契約の場合には，破産管財人による解約の選択が認められることになります。

実質的に考えてみても，請負契約には材料の供給という問題があります。したがって，契約を継続することにより破産財団に負担が生じるのであれば，破産管財人からの契約の未履行部分の解約が認められるべきだと言えます。

もちろん，請負契約を継続することにより破産財団が利益を受けるのであれば，破産法53条によって破産管財人は契約の履行を選択すればよいのです。

請負人が破産した場合

①仕事の内容に代替性がない場合

・雇用契約と同様，一身専属的な契約であるため，破産手続開始後も契約に影響はない。

・破産手続開始後に発生する請負代金債権は，破産者の自由財産となる。

②仕事の内容に代替性がある場合

・破産法 53 条が適用され，破産管財人は契約の履行か解除かを選択できる。

●2●
双務契約以外の法律関係

❖委任契約

　委任契約は，有償の時は双務契約ですが無償の委任契約は片務契約です。しかし，いずれにせよ委任契約は当事者間の信頼関係が重視される契約です。当事者の一方が破産したという事実はこのような信頼関係の基礎を失わせる事情ですので，有償無償を問わず，受任者，委任者いずれの破産の場合でも委任契約は当然に終了します（民法 653 条 2 号）。

❖代理

　代理権も，代理人に対する信頼が基礎となっています。したがって代理人が破産したときは，もはや代理関係を継続することは相当ではなく，代理関係は消滅します（民法 111 条 1 項）。

❖共有関係

　共有者の一人が破産した場合，その者の共有持分は破産財団に帰属すると共に，破産手続開始決定が分割請求の事由となります（破産法52条1項）。また，他の共有者は，破産者の共有持分を破産手続によらずに有償で取得することができます（破産法52条2項）。

❖親権者等の破産

　子の財産を管理する親権者が破産した場合，もはやその親権者に子の財産の管理を任せるのは妥当ではありません。この場合親族または検察官は，親権者の財産管理権の喪失宣告を家庭裁判所に請求することができます（破産法61条）。同様に，配偶者の一方が夫婦の財産を管理している場合にその者が破産したとき，他方の配偶者は自分が夫婦の財産を管理する旨および夫婦共有物の分割を家庭裁判所に請求できます（同条）。

●3●
係争中の訴訟

　破産手続開始決定がなされると破産者のそれまでの債権・債務は破産財団に帰属し，破産者はそれらの権利義務に対する管理・処分権を喪失することは，繰り返し述べました。このことは，もし破産手続開始決定のときに破産者が自身の権利義務に関する訴訟が係属していれば，もはや破産者はその訴訟を自ら行うことができなくなることを意味します。

　そして，破産管財人など破産者に代わって訴訟追行権を有する者が新当事者としてこれらの訴訟を承継します。この際既存の訴訟は，新当事者が訴訟に加入するのを待つ必要があるため，いったん進行が止められます。これを**訴訟手続の中断**といいま

す。そして，訴訟当事者の地位を承継した新当事者が手続の引継ぎと中断した訴訟の進行を裁判所に求めれば，訴訟は新当事者のもとで再開されます。これを手続の受継といいます。

ただし，受継の対象は「手続」であって，訴訟当事者の地位ではないことに注意する必要があります。

訴訟当事者の地位の移転：承継
訴訟手続の引継ぎ：受継

破産財団に関係のない離婚訴訟などについては
そのまま破産者が訴訟を行います。

❖中断

破産手続開始決定によって，破産財団に関する継続中の訴訟は，その進行を停止します（破産法44条1項）。訴訟を承継した破産管財人その他の者が手続を受継するまでの間は，訴訟の進行から生じる不利益を受けさせることはできないからです。それまで訴訟を行っていた破産者に訴訟代理人がいる場合でも，訴訟手続は中断します。

❖受継

破産管財人や訴訟の相手方からなされる中断した訴訟の再開を求める裁判所への申立を，受継申立といいます。破産関係者の誰が受継を申し立てるべきかおよびその再開方法については，それまで破産者が追行していた訴訟の性質に応じて考える必要があります。

まず，破産者が第三者に対して金銭の支払いや財産の引渡しを請求しているような訴訟では，破産手続開始決定により，破産管財人が破産者の訴訟当事者の地位を当然に承継します。したがって中断した訴訟は，新当事者である破産管財人が係属裁判所に対して受継を申し立てることにより再開されます（破産法44条2項）。また，この訴訟の訴訟の相手方も受継の申立を行って，訴訟の再開を求めることができます。訴訟の進行については訴訟の相手方にも利害があるからです。

　一方，破産者が第三者から債務の履行を求められている訴訟の場合，この第三者の訴求債権は，破産手続開始決定が行われた以上，破産債権として届け出て債権調査手続で主張されなければなりません。したがって，債権調査手続が終了するまでは，係属中の訴訟は中断されます。そして，この訴求債権が債権調査手続で異議が述べられることなく確定したときは，係属中の訴訟は当然に終了します。

　債権調査手続で債権の存在が公的に確定した以上，もはや裁判でその存否を争う必要はなくなったからです。

　一方，債権調査手続で異議が出た場合，係属中の訴訟は債権を主張する者と債権調査期間に異議を提出した者との間の破産債権査定手続に切り替えられます。

　この場合の受継申立は，債権が有名義債権か無名義債権かの区別に応じて，有名義債権の場合は異議を提出した者が（破産法129条1項），無名義債権の場合は届出債権者が行うものとされています（破産法127条1項）。

••

破産法44条〔破産財団に関する訴えの取扱い〕　破産手続開始の決定があったときは，破産者を当事者とする破産財団に関する訴訟手続は，中断する。②破産管財人は，前項の規定により中断した訴訟手続のうち破産債権に関しないものを受け継ぐことができる。この場合においては，受継の申立ては，相手方もすることができる。（後略）

①破産者が第三者に請求を行っている訴訟

　破産管財人が訴訟を承継し，手続を受継。

②破産者が第三者から請求されている訴訟

・当該請求権の存否は債権調査手続で確定される。

・一定の期間内に異議が出なければ訴訟は当然終了。

・異議が出れば，破産債権査定手続に切替え。

・債権に異議を述べた者が破産者に代わる新当事者となる。

・手続の受継は，有名義債権か無名義債権かの区別に応じて，
　異議を述べた者か届出債権者が申立を行う。

[問題]

　次の各記述の正誤を述べなさい。

ア）破産者が第三者から土地を購入する契約を破産手続開始の決定
　前に締結して，破産手続開始時に土地引渡し，代金支払い共に未
　履行の場合，第三者の土地の引渡債務は破産管財人に対して履行
　され，第三者の代金債権は破産債権として配当の対象となります。

イ）破産者が締結していた双務契約につき，破産手続開始時に相手
　方の債務の履行を既に受けていた場合でも，破産管財人は当該契
　約の解除を選択することができます。

ウ）賃貸借契約の賃借人が破産した場合，破産管財人は契約期間中
　であっても賃貸借契約を解約できます。

エ）賃貸借契約の賃貸人が破産した場合，破産管財人は契約期間中
　であっても賃貸借契約を解約できます。

オ）雇用契約において使用者が破産した場合，使用者としての地位
　は破産管財人に引き継がれて契約は継続しますから，労働者は契
　約期間中は解約を行うことはできません。

カ）雇用契約において労働者が破産した場合，労働者の破産管財人
　は，破産法 59 条に基づき雇用契約を継続するか解約するかを選
　択することができます。

キ）請負契約は，雇用契約と同様一身専属的な労務提供契約の一つ
　なので，請負人が破産した場合に，請負人の破産管財人が契約の
　継続か解約かを決する余地はありません。

ク）有償の委任契約は，双務契約なので破産法 53 条の適用があり，
　契約を履行するか解約するかは破産管財人の判断に委ねられます。

ケ）破産者が係属中の訴訟の当事者であった場合，破産手続開始決
　定によって訴訟手続は中断するのが原則ですが，訴訟代理人がい
　る場合には訴訟は中断しません。

コ）破産者が第三者に対して金銭の給付や財産の引渡しを求めてい

た訴訟が中断した場合，破産管財人は手続の受継を申し立てることができますが，その訴訟の相手方には受継を申し立てる権限はありません。

サ) 破産債権に関する訴訟が破産手続開始前から係属していた場合，その訴訟は破産手続開始決定により当然に破産債権査定手続に移行します。

［解答］

ア) 誤：双務契約上の債務が共に未履行の間に破産手続開始決定がなされたときは，破産管財人が履行か解除かを選択することになります。履行が選択された場合，破産者側は代金支払債務を全面的に履行しなければなりませんから，破産債権として扱えば足りるわけではありません。

イ) 誤：破産法 53 条により破産管財人に解除と履行の選択権が認められるのは，双務契約の双方の債務が未履行の場合です。設問の場合には解除をなすことはできず，相手方の債権は破産債権としての扱いを受けます。

ウ) 正：破産法 53 条により解約可能です。

エ) 誤：賃貸人の破産という賃借人に何の関係もない事情によって賃貸借契約が解約されてしまうのは賃借人に酷です。そこで，破産法 56 条により破産管財人の選択権を制限しています。

オ) 誤：民法 631 条により，契約期間中であっても労働者から解約ができます。

カ) 誤：雇用契約における労働者の地位は，一種の一身専属的な性質を有しますので，破産手続開始決定によって労働者は雇用契約についての処分・管理権を失うことはないと考えられています。従って破産管財人が雇用契約の扱いを選択する余地はなく，破産法 53 条の適用はありません。

キ）誤：請負契約は労務供給契約ではありますが，雇用契約と異な
　　り，いちがいに一身専属的とは言えません。仕事の内容に代替性
　　がある限り破産法53条が適用され，破産管財人に解除と履行の
　　選択権が生じると考える見解がむしろ一般的です。

ク）誤：委任契約は当事者の信頼関係が重視されるので，無償で片
　　務契約であると有償で双務契約であるとを問わず，当事者の一方
　　の破産により終了します（民法653条）。

ケ）誤：当事者の破産の場合は，訴訟代理人がいる場合でも訴訟は
　　中断します。

コ）誤：破産者の訴訟の相手方も，訴訟の再開につき利害を有して
　　いるので，破産管財人が手続を受継すべく裁判所に申し立てるこ
　　とができます。

サ）誤：破産債権に関する訴訟が破産手続開始前から係属していた
　　場合，その訴訟は破産手続開始決定により債権調査手続が終了す
　　るまで中断します。そして，その訴訟が破産債権査定手続に移行
　　するのは，債権調査期間において他の債権者等から異議が提出さ
　　れた場合だけです。異議が提出されなかった場合，当該訴訟は当
　　然終了します。

7時間目

破産者財産の公平な分配⑦

財団債権

●1● 財団債権とは

破産債権は，破産財団から配当を受けます。そして，破産債権が配当を受けるには，債権届出，債権調査など債権確定のための手続を踏む必要があります。

これに対して，配当に向けたさまざまな手続を経ることなく，破産財団から直接弁済を受ける権利を有する法定債権の一団が存在しています。これを財団債権といいます。財団債権が破産財団から受けるのは配当ではなくて弁済です。

つまり，その全額につき最優先の支払いが保証され，債権届出や債権調査などの破産手続を経ることもなく，随時破産管財人から直接支払いを受けます。

破産債権：破産財団から配当による満足を受ける債権
財団債権：破産財団から弁済による満足を受ける債権

❖優先的破産債権との違い

破産債権の中でも労働債権などの優先的破産債権は，全額の配当を受ける可能性の高い債権です。しかし，財団債権は，優先的破産債権よりもさらに上位の優先的地位にある債権であること（破産法151条）と，債権届出や債権調査などの手続を経ずに支払われる債権である（破産法2条7号）点で，優先的破産債権と異なります。

破産財団から財団債権を支払って残余がなくなれば，優先的破産債権は配当を受けられません。

財団債権と破産債権の優劣関係を図にすると次のようになり

ます。

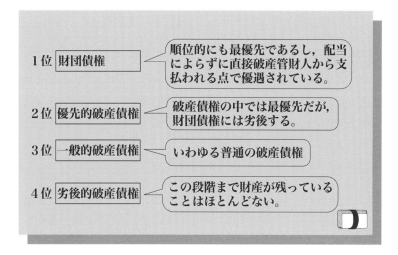

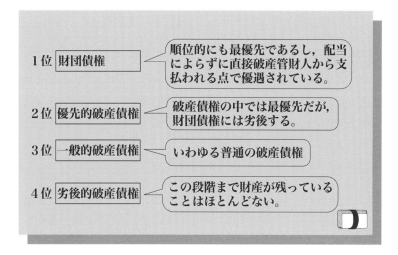

●2●
財団債権の範囲

　財団債権とされるものはあらかじめ法律で定められています
(破産法148条，54条2項など)。破産法148条1項各号に列記
されている財団債権を一般の財団債権，その他の法律条文で定
められている財団債権を特別の財団債権といいます。

....

破産法151条〔財団債権の取扱い〕財団債権は，破産債権に先立って，弁
済する。
破産法2条〔定義〕この法律において「破産手続」とは，次章以下（第十
二章を除く。）に定めるところにより，債務者の財産又は相続財産若しく
は信託財産を清算する手続をいう。
七　この法律において「財団債権」とは，破産手続によらないで破産財団
から随時弁済を受けることができる債権をいう。

一般の財団債権と特別の財団債権とで，その法的性質に違いはありません。

　これらの債権が財団債権として優遇される根拠は単一ではありません。ここでは三つのパターンに分類する説によって説明します。

財団債権優遇の根拠
①破産債権者の共同出費的費用
②破産手続過程で生じた第三者の損害などの弁済
③政策的理由に基づく財団債権

❖破産債権者の共同出費的費用

　破産債権者全体の利益のための裁判費用（破産法 148 条 1 項 1 号）や破産財団の管理・換価・配当に関する費用（破産法 148 条 1 項 2 号）など，破産手続における債権者の共同出費的な費用です。これらは破産手続に不可欠または有益な費用で，全債権者がその費用によって利益を受けているのですから，一部の者の負担に帰することは妥当ではありません。

　したがって，それらを支出した者が，破産財団に対し償還を求めることができ，その請求権が財団債権としての保護を受けるのは当然と言えます。

破産法 148 条〔財団債権となる請求権〕次に掲げる請求権は，財団債権とする。
一　破産債権者の共同の利益のためにする裁判上の費用の請求権
二　破産財団の管理，換価及び配当に関する費用の請求権（後略）

債権者の共同出費的費用

債権者全体の利益のための裁判費用

破産財団の管理・換価・配当費用

❖破産手続過程で生じた第三者への契約履行や損害の賠償など

　双務契約において破産法53条に基づき破産管財人が履行を選択した場合の反対給付の履行や（破産法148条1項7号），破産手続の過程で破産管財人が第三者に損害を与えた場合の損害賠償請求権（破産法148条1項4号）なども財団債権とされます。これらの者は，自身は破産手続とは何らかかわりがなく請求権を有するに至った者ですから，本来の履行や弁済を求めることができて当然だからです。

第三者への契約履行や損害の賠償など

・破産管財人の行為によって生じた第三者の請求権

・事務管理や不当利得によって生じた第三者の請求権

・委任等の終了後に生じた第三者の請求権

・未履行の双務契約につき履行が選択された場合の，第三者の反対給付請求権

・未履行の双務契約につき解除が選択された場合の，契約終了までに生じた第三者の請求権

❖政策的理由に基づく財団債権

　破産手続における債権者の共同出費や，破産手続と直接の関わりのない第三者の請求権が財団債権とされるのは，その債権としての性質上当然と言えます。

　一方このような必然性がないにもかかわらず，政策的な理由からとくに財団債権としての保護が与えられた債権の一団が存在します。

(1) 租税債権

　破産手続開始前に発生していた国税や地方税債権は，その全額が国や地方公共団体の財団債権として保護され，配当手続によらずに直接破産管財人から支払われます（破産法148条1項3号）。破産手続開始後に発生した租税債権であっても，破産財団に属する土地の固定資産税など，破産財団に関して生じたものは同じく財団債権とされます。租税債権がこのような優遇的な扱いを受けるのは，言うまでもなく租税収入の確保という公益的要請に基づくものです。

　しかし，租税債権も破産手続開始前に破産者が負担していた債務という点では，私人の破産債権と異なるところはありません。租税収入の確保という要請は，租税債権を優越的破産債権とすれば十分に達成されるとも言え，立法論としては過剰な保護だとする見解が支配的だと言えます。

　その意味で，租税債権が財団債権とされる必然性はなく，政策的に財団債権とされているにすぎません。

(2) 使用人の給料等

　以上の破産法148条1項各号で定められた財団債権を一般の財団債権と呼ぶのに対し，それ以外の規定に基づくものを特別

の財団債権と呼んでいます。

このたびの改正で新設された，使用人の給料等の規定もこの特別の財団債権を定めたものになります。

破産手続開始前3か月間の破産者の使用人の給料の請求権は，財団債権とされています（破産法149条1項）。

破産財団直前の労務の提供は，破産財団所属財産の形成・維持への貢献が大きいことから定められたものです。

政策的理由に基づく財団債権
租税債権
使用人の給料等

改正により破産者とその家族の生活扶助料は財団債権ではなくなっています

破産法 148 条〔財団債権となる請求権〕
三 破産手続開始前の原因に基づいて生じた租税等の請求権（中略）であって，破産手続開始当時，まだ納期限の到来していないもの又は納期限から一年（中略）を経過していないもの
四 破産財団に関し破産管財人がした行為によって生じた請求権
五 事務管理又は不当利得により破産手続開始後に破産財団に対して生じた請求権
六 委任の終了又は代理権の消滅の後，急迫の事情があるためにした行為によって破産手続開始後に破産財団に対して生じた請求権
七 第五十三条第一項の規定により破産管財人が債務の履行をする場合において相手方が有する請求権
八 破産手続の開始によって双務契約の解約の申入れ（第五十三条第一項又は第二項の規定による賃貸借契約の解除を含む。）があった場合において破産手続開始後その契約の終了に至るまでの間に生じた請求権

●3●
財団債権の弁済方法

　財団債権は，配当という手続によるのではなく，破産管財人から直接弁済されるという点に大きな特徴があります。また，破産手続の終結時まで支払いを待たなければならないというものでもありません。破産管財人によって随時支払いがなされます（破産法2条7号）。

　弁済期のある財団債権であれば，もちろんその弁済期までに支払いがなされる必要があります。

❖財団不足の場合

　破産財団が財団債権を満足するにも足りない場合，弁済未了の債権については債権額に応じた按分的弁済がなされます（破産法152条1項）。ただし，一部の財団債権には財団債権相互内での優先権が認められています（破産法152条2項）。財団債権の一部がいったん弁済されれば，その後に破産財団が全ての財団債権の弁済に足りないことが判明したとしても，既に行った弁済の効力が妨げられることはありません。

　財団債権についてなされた弁済の効力が否定されるような規定はどこにもないからです。その意味では，財団債権相互間では，先に弁済を受けた者勝ち＝早い者勝ちということになります。

[問題]

次の各記述の正誤を述べなさい。

ア) 財団債権とは，破産債権と同様，債権届出と配当によって満足が得られる債権です。

イ) 財団債権は，破産財団からの支払いについて，一般破産債権には優先しますが，優先的破産債権には劣後します。

ウ) 財団債権が優遇される根拠は，それが破産債権者全体の利益のための出費であるということに尽きます。

エ) 破産管財人の職務執行によって損害を受けた第三者は，その損害賠償請求権を破産債権として，破産手続に加入して配当を受けるべきです。

オ) 国税債権は財団債権として扱われますが，地方税については優先的破産債権としての扱いを受けるにとどまります。

カ) 全ての財団債権の支払いは，破産手続終結時に一括して行われます。

キ) 破産財団が全ての財団債権の支払いに不足しているときは，原則として財団債権の額に按分した支払いが行われます。

ク) 一部の財団債権に弁済を行った後，破産財団が全財団債権を弁済するのに不足であることが判明したときは，先に行われた弁済は取り消されます。

ア）誤：財団債権は破産管財人から直接弁済を受ける債権であり，配当によって満足を受けるわけではありません。

イ）誤：財団債権は，全ての破産債権に優先して支払いを受けることができます。

ウ）誤：財団債権の多くは破産債権者全体のための出費という点にその優遇性の根拠を求めることができますが，それに尽きるわけではありません。租税債権や使用人の給料等が財団債権とされることは，債権者の共同出費という理由では説明できません。

エ）誤：破産法148条1項4号により，財団債権として破産財団から直接損害賠償を受けることになります。

オ）誤：地方税は「国税徴収の例によって徴収することができる」請求権であるので，財団債権に含まれます。

カ）誤：財団債権の支払いは破産管財人により随時行われます。配当のように特定の時期に一括して行われるわけではありません。

キ）正：破産法152条1項本文。

ク）誤：財団債権の弁済は随時行われるので，いったん行った弁済が，その後の財団不足を理由に効力を失うことはありません。

● 1 ●
取戻権

❖取戻権とは

　破産手続開始時に破産者が有する財産は破産財団とされ，破産管財人の占有に移されます。しかし，破産手続開始時に破産者が所持していた財産には，他人の所有権に属するものが含まれている可能性があります。例えば他人から預かっていたものや，担保として占有していたものなどです。

　破産者以外の者の財産を配当に供することはいかなる意味でも許されませんから，本来の権利者からこれらの財産の返還請求があった場合には，その財産を返還する必要があります。このように，実体上の権利に基づいて，破産財団に帰属する財産の取戻しを求める権利を取戻権といいます (破産法62条)。

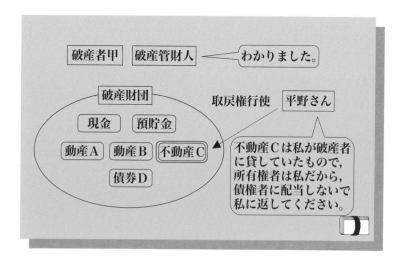

❖取戻権の根拠となる実体上の権利

　取戻権が認められるかどうかは，民法その他の実体法によってその財産の取戻しを正当化できるかによって決まります。正当化の根拠となるのは，所有権その他の目的物の引渡しを正当化できる物権であるのが最も一般的です。質権や留置権のような留置的効力がある担保物権も，取戻権を裏付ける実体上の権利となります。

　この場合，物権その他の権利を主張して取戻権を主張する者は，民法177条など物権変動の対抗要件を備えていなければなりません。

　一方，債権的請求権が取戻権の基礎となるかどうかについては，その請求権の行使が破産者の正当な所持や占有を失わせる実質を持つかどうかを吟味して判断する必要があります。

　例えば，破産者がその財産を賃貸借，委任，信託などの契約関係に基づいて所持していたにすぎない場合には，破産者には賃貸人，委任者，信託者の意思に反してまでその財産の所持占有を継続する権利はありません。したがって賃貸人，委任者，信託者は，これらの財産について取戻権を根拠として破産管財人に返還を求めることができます。

　賃貸人や委任者が，交付した財産の所有権者と一致するとは必ずしも限らないので，このような債権的請求権を根拠とする取戻権を認める必要があります。

　一方，もともと破産者の所有物であるものについて，ある者が売買契約などに基づく引渡請求権を有していたとしても，それは取戻権の根拠となるものではありません。

....

破産法62条〔取戻権〕破産手続の開始は，破産者に属しない財産を破産財団から取り戻す権利（第六十四条及び第七十八条第二項第十三号において「取戻権」という。）に影響を及ぼさない。

この場合の買主は，引渡請求権を破産債権として配当を受けるにとどまります。

取戻権の根拠となる権利
①所有権やその他の引渡しを正当とする物権
②破産者の占有の正当性を失わせ，債権者への返還を根拠づけるような債権的請求権
＊単に，契約のみに基づいて目的物を引き渡すことを内容とする債権的請求権は取戻権の根拠とならない

❖譲渡担保と取戻権

　取戻権を論ずる上での大きな問題の一つが，譲渡担保の取り扱いです。

　外見的には所有権移転の形式を有しているが，機能的には特定の債権担保の実質しか持たない物権変動の類型を譲渡担保といいます。目的物の占有は設定者にとどめられるのが一般的です。

(1)譲渡担保設定者の破産

　図のように，甲が自分が所有する不動産Ｃに平野さんを債権者とする譲渡担保を設定し，その後破産したという事例を考えてみてください。かつてはこのようなケースでは，譲渡担保設定により不動産Ｃの所有権は，甲から担保権者である平野さんに移転するものと考えられていました。譲渡担保の法的性質についてのこのような理解を，所有権的構成といいます。

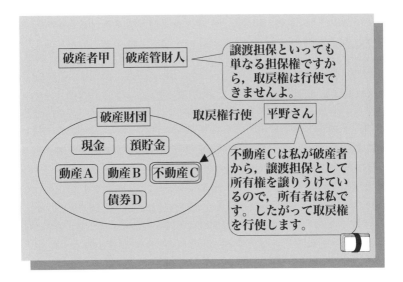

　そうだとすれば，平野さんは，破産管財人に対して不動産 C の取戻権を主張することができることになります。

　しかし，今日では譲渡担保の設定により，平野さんは文字通り担保権だけを取得するにすぎず，不動産 C の所有権は設定者にとどめられるとする理解が支配的です。譲渡担保の法的性質についてのこのような理解を，担保権的構成といいます。

　担保権的構成によった場合，担保権者による取戻権の主張は認められません。平野さんは譲渡担保権を根拠として，次項で述べる別除権を主張できるにすぎないことになります。

P145以下を参照して下さい

(2) 譲渡担保権者の破産

　譲渡担保は所有権移転の形式をとるため，不動産が譲渡担保となった場合には，所有権登記も担保権者に移転しています。そこで，譲渡担保権者が破産した場合に，設定者が取戻権を行使して登記の移転を請求できるかどうかが問題となります。

この点，担保権的構成によれば，譲渡担保を設定しても目的物の所有権は設定者にとどめられますから，設定者に取戻権が認められるという結論になります。

ただし，債権担保の目的で所有権移転という形式が取られたわけですから，取戻権を行使して完全な所有権を回復するには，設定者が被担保債権を弁済しなければなりません。

抵当権設定者が，被担保債権を弁済して抵当権登記の抹消を求めることができるのと同じことです。

担保権的構成による帰結
①譲渡担保権者の破産
　設定者は取戻権を有するが，被担保債権を弁済しなければ完全な所有権を回復することはできない。
②譲渡担保設定者の破産
　担保権者は取戻権を有しない。別除権を有するのみ。

❖取戻権の行使方法

取戻権の行使は，破産管財人に対する意思表示によってなされます。訴訟を提起する必要はありませんし，破産手続に参加する必要もありません。取戻権は，対象となる財産が破産財団にある限りで行使が可能な権利です。破産管財人が既に目的物を処分してしまって破産財団に残っていない場合には取戻権を行使することはできません。ただし，譲渡の対価や反対給付請求権が破産財団に現存している場合は，取戻権者はその対価や請求権を自分に引き渡すよう請求することができます（破産法64条1項）。これを**代償的取戻権**といいます。

代償的取戻権は，次に説明する特別の取戻権として説明されることもあります。

❖特別の取戻権

売買契約において売主が物品を発送した後に買主が破産手続開始決定を受けた場合，買主が物品を現実に受領する前であれば，売主はその物品を取り戻す権利があります（破産法63条1項）。これを特別の取戻権といい，商法上の問屋にも，同様の状況につき特別の取戻権が認められています（破産法63条3項）。

これに対して，これまでに説明した破産法62条の取戻権を一般の取戻権と呼ぶことがあります。

特別の取戻権は，売主と買主の双務契約履行上の公平のために認められた権利ですが，現実に機能する場面はそれほど多くありません。

●2●
別除権
❖別除権とは

破産財団に属する財産に，抵当権など破産者に対する債務の担保物権が設定されている場合，その債権者は破産手続にかかわることなくその担保権を実行することができます。これを別除権といいます（破産法2条9号）。

そもそも抵当権その他の担保物権は，債務者が任意に支払いができなくなったときのために設定されるものです。したがって債務者の破産はまさにその担保が機能すべき局面だと言え，破産手続開始決定によって担保物権の行使が影響を受けないのは，当然のことだと言えます。

❖別除権が認められる担保物権

別除権は担保物権の趣旨，性質からくる当然の権利ですから，その対象は条文に明記された抵当権，質権，特別の先取特権に限られません。譲渡担保権，仮登記担保権などの非典型担保も，債務者の特定財産が債権担保に供されているという担保物権としての趣旨，性質に鑑みて，別除権が認められることに疑いはありません。

しかし，一般の先取特権については，特定の財産を対象としていない関係から，これを別除権の対象とすることはできません。一般の先取特権は，優先的破産債権とされるにとどまります（破産法 98 条 1 項）。

また，留置権も，その担保物権としての性質が債務に関連した物を手元に留め置く権利にすぎず，優先弁済権があるわけではないので，別除権は認められません（破産法 66 条 3 項）。

ただし，商事留置権は特別の先取特権とみなされるので，別除権が認められます（破産法 66 条 1 項）。

破産法 2 条〔定義〕（略）
九　この法律において「別除権」とは，破産手続開始の時において破産財団に属する財産につき特別の先取特権，質権又は抵当権を有する者がこれらの権利の目的である財産について第六十五条第一項の規定により行使することができる権利をいう。
破産法 65 条〔別除権〕①別除権は，破産手続によらないで，行使することができる。

別除権が認められる担保物権

①抵当権

②質権

③特別の先取特権

④譲渡担保

⑤仮登記担保

⑥商事留置権

別除権が認められない担保物権

①一般の先取特権

②民法上の留置権

❖別除権の行使方法

　債権者が別除権を主張することの意味は，担保物権の存在を主張してそれを実行することに他なりませんから，別除権の行使は破産手続による必要はありません（破産法65条）。したがって別除権者たる担保権者は，抵当権などの法定担保物権については，原則どおり民事執行法に基づく担保権の実行としての不動産競売の申立を行うことになります。

　譲渡担保など実行方法に法律の規定がない場合は，設定契約において債務者＝破産者と債権者＝別除権者が約した方法の実行を，別除権者から破産管財人に対して求めるのが原則です。

　なお，別除権者が自ら担保権を実行しようとしないときは，破産管財人は自らその目的物を換価することができます（破産法184条2項）。別除権者がいつまでも担保権の実行を行わなければ，目的物売却後の剰余価値を配当のために利用することが妨げられるからです。

破産管財人はこの権利を行使するため，別除権の存する財産を把握しておく必要があります。そのため，別除権者に対して，別除権の目的である財産の提示請求権や価額の評価権を有しています（破産法154条）。

　さらに新法では，破産債権者の利益のため，破産管財人が裁判所の許可を得て，担保権を消滅させた上で目的物を任意売却し，その代金の一部を破産財団に組み込むことを認めています（破産法186条以下）。

担保権消滅請求の制度といいます

❖残額責任

　別除権者が担保権を実行したが債権の全額の弁済に満たなかった場合，別除権者は不足額についてのみ，破産債権として配当を受ける権利があります。これを残額責任主義（または不足額責任主義）といいます。すなわち，別除権者は，担保権実行により弁済を受けることができないと予想される金額を見積もった上で，破産裁判所に破産債権を届け出ることができます（破産法111条2項2号）。

．．

破産法第186条〔担保権消滅の許可の申立て〕①破産手続開始の時において破産財団に属する財産につき担保権（特別の先取特権，質権，抵当権又は商法若しくは会社法の規定による留置権をいう。以下この節において同じ。）が存する場合において，当該財産を任意に売却して当該担保権を消滅させることが破産債権者の一般の利益に適合するときは，破産管財人は，裁判所に対し，当該財産を任意に売却し，次の各号に掲げる区分に応じてそれぞれ当該各号に定める額に相当する金銭が裁判所に納付されることにより当該財産につき存するすべての担保権を消滅させることについての許可の申立てをすることができる。ただし，当該担保権を有する者の利益を不当に害することとなると認められるときは，この限りでない。（後略）

別除権者が債権を届け出た場合，破産管財人に対して担保権の実行に着手したことを証明し，なおかつ債権の残額を疎明するのでなければ，配当を受けることはできません（破産法210条1項）。この場合破産手続の終了までは別除権者が疎明した残額に対して配当すべき金額は寄託されて維持されます（破産法214条3号）。しかし，それも最後配当の除斥期間内に担保権実行の証明がなされなければ，寄託されていた配当金は他の債権者の配当に充てられることになります（破産法214条3項）。

●3●
相殺権
❖相殺権とは

　次のような事例で，甲が破産したケースを考えてみましょう。

　多摩さんは，甲に対して500万円の売掛金債権を持っています。他方で多摩さんは，以前店舗を拡張するときに甲から融資を受けており，まだ300万円が未返済のまま残っています。

　このような場合に仮に甲が破産していなければ，多摩さんは自分の有する500万円の売掛金債権のうち少なくとも300万円については，自分が支払わねばならない貸付金債務と相殺することによって，いつでも決済・回収できるという期待を有しています（民法505条1項）。

これを相殺の担保的機能といいます。また事例の場合，相殺を行う多摩さんの有する売掛金債権を**自働債権**，甲が多摩さんに対して有する貸付金債権を**受働債権**といいます。

　この事例で，甲が破産手続開始決定を受けた場合でも，破産法はこのような相殺の担保的機能を尊重し，破産債権者が破産債権を相殺に供することにより破産手続によらずに決済することを認めています（破産法67条）。これを相殺権といいます。

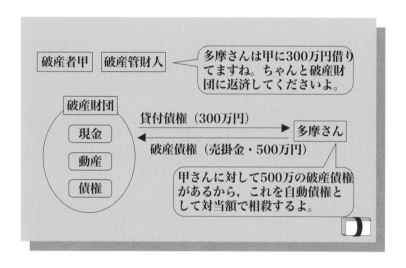

破産法67条〔相殺権〕破産債権者は，破産手続開始の時において破産者に対して債務を負担するときは，破産手続によらないで，相殺をすることができる。

②破産債権者の有する債権が破産手続開始の時において期限付若しくは解除条件付であるとき，又は第百三条第二項第一号に掲げるものであるときでも，破産債権者が前項の規定により相殺をすることを妨げない。破産債権者の負担する債務が期限付若しくは条件付であるとき，又は将来の請求権に関するものであるときも，同様とする。

相殺権を認めなければ，破産財団に対して債務を負っている破産債権者は，債務については完全な履行を強いられる一方，破産債権については配当を受けることしかできないことになり，不均衡が著しくなることが，相殺権が認められている理由です。未履行の双務契約の処理（破産法53条1項，148条1項7号）と同じような考えに基づいています。

　破産法上の相殺権は，破産債権者が行使するものとして規定を置いています。

　破産管財人が，破産債権を破産財団が有する債権とで相殺した場合，それは民法上の相殺にすぎず破産法の相殺権の行使としては無効という説が支持されてきました。

　しかし，破産管財人側から相殺しても，相手方に不当な利益を与えるとは言えず，相殺して債権債務関係を早期に確定することが破産債権者全体の利益になる場合もあることから，新法は，裁判所の許可を得て破産管財人が相殺することを認めました（破産法102条）。

❖相殺権の要件

　まず，民法上の相殺の要件を見てみましょう。

　民法上の相殺を行うには，対立する二つの債権が相殺に適した状態にあることが必要です（民法505条1項）。これを相殺適状といいます。

民法505条〔相殺の要件等〕①二人が互いに同種の目的を有する債務を負担する場合において，双方の債務が弁済期にあるときは，各債務者は，その対当額について相殺によってその債務を免れることができる。ただし，債務の性質がこれを許さないときは，この限りでない。（後略）

相殺適状

①**同種債権要件：対立する二つの債権が，いずれも金銭債権で あるなど同種の債権であること。**

②**弁済期要件：対立する二つの債権が，いずれも弁済期にある こと。**

ただし，弁済期要件のうち受働債権の弁済期については期限の利益を放棄することが可能な場合が多いので，重要なのは自働債権の弁済期が到来していることです。

破産法における相殺権の要件を考えるうえでも，この民法上の相殺適状が基本となります。しかし，破産手続という一種極限的な状況においては，債権者の相殺に対する期待は一般の取引における状況よりも高いため，破産法上の相殺権の要件は，民法上の相殺の要件よりも緩和されたものとなっています。

(1)同種債権要件の緩和

破産債権として，物の引渡債権など金銭債権以外の債権が届け出られた場合，それらの債権は金銭に見積もられます。従って，相殺権の自働債権となる債権は，それが金銭見積もりが可能である限り，金銭債権である必要はありません（破産法68条1項，103条2項）。

(2)弁済期要件の緩和

(a)期限付債権

自働債権および受働債権の弁済期が到来していなくても，債権者は相殺権を行使することができます（破産法67条2項）。

(b)解除条件付債権

　債権が解除条件付であるときも直ちに相殺を行うことができます。しかし，相殺権行使後に解除条件が成就すれば，相殺に供した債権は始めからなかったことになるので，その時点で相殺は無効とせざるを得ません。このような場合のため，破産債権者は相殺額相当の担保を提供したうえで相殺権を行使する必要があります（破産法69条）。

　担保の提供を義務づけられたとしても，解除条件が成就しなければ相殺は有効となるので，たんに破産債権として配当を受けることに比べれば，債権者にとっては大きな利益です。

(c)停止条件付債権，将来の請求権

　一方，停止条件付債権や将来の請求権のように，いまだ発生していない債権を直ちに相殺権の自働債権に供することはさすがにできません。条件が成就したり将来の請求権が現実化するのを待って相殺権を行使するほかありませんが，そのために既に履行期が到来している相殺権者側の債務の履行を怠ることは許されません。この場合相殺権者は，自分の債務を履行するにあたって，弁済した金銭を寄託しておくよう破産管財人に求めることができます（破産法70条）。そして，その後条件が成就したり，将来の請求権が現実化したときは，あらためて相殺権を行使することができます。

　この場合の相殺権行使は，寄託した弁済金を破産財団に対し不当利得として返還請求することを意味します（破産法148条4号）。

★受働債権

　受働債権については，期限付債権はもちろん，条件付債権や

将来の請求権を受働債権として相殺に供することは，いつでも無条件にできます（破産法67条2項）。既に述べたように受働債権における期限や条件はもっぱら破産債権者側の利益のために存するので，破産債権者がこの利益を放棄することは差し支えないからです。

自働債権
①期限付債権
　いつでも相殺権を行使できる。
②解除条件付債権
　いつでも相殺権を行使できる。ただし，将来条件が成就した場合のために相殺額相当の担保を供しなければならない。
③停止条件付債権
　条件が成就するまでは相殺権を行使できない。ただし，将来条件が成就した場合のために，破産管財人に対し相殺額相当の寄託を要求できる。
④将来の請求権
　停止条件付債権と同じ。
受働債権
　期限付，解除条件付，停止条件付，将来の請求権のいずれも，いつでも相殺に供することができる。

❖相殺権の制限

　相殺権は，破産手続によらずに，反対債権額の範囲で破産債権の全額を回収できる機能を持った強力な権能です。相殺権を利用すれば，債務者に対して意図的に債務を負担して反対債権

を作り出したり，他者が有する破産者に対する債権を安く買い集めて相殺を行って，破産債権として配当を受けるよりはコスト的に有利な結果を生じさせることも可能になってしまいます。このような態様の相殺権行使は，結果的に破産債権者間の公平を著しく害するので，破産法は乱用的，不公正な相殺権の行使を制限する規定を設けています（破産法71条1項）。

❖破産債権者が倒産後に債務を負担した場合の制限

破産債権者が，支払停止や破産手続開始の申立てを知ったり破産手続開始の決定の事実が生じた後に，破産者や破産財団に対して債務を負担したとしても，この債務を受働債権として相殺に供することはできません。さらに遡って，支払不能を知った後の債務負担についても，厳格な要件のもと相殺権を制限しています。

これらの場合，債権者は相殺の担保機能に対する期待をもともと有していたわけではなく，このようなやり方で相殺適状を作り出したとしても，それは乱用的，不公正な相殺権行使としか言えないからです。

債務者が事実上倒産した時点で，債権者が全額の弁済は受けられないことを覚悟すべきであり，その後に姑息な策を弄しても無駄だということです。

受働債権取得による相殺の禁止 (破産法71条1項)
①破産手続開始後の受働債権取得 (1号)
②支払不能を知った後に契約による債務負担をし，もっぱら破
産債権をもって相殺する目的で，破産者の財産の処分を内容
とする契約を破産者との間で締結する場合など (2号)
③支払停止を知った後の受働債権取得 (3号)
④破産手続開始の申立てがあったことを知った後の受働債権取
得 (4号)

自働債権取得の場合は72条が規定しています

❖破産債権者が倒産後に債権を取得した場合の制限

　破産債権者が，支払不能・停止や破産手続開始の申立てを知ったり破産手続開始決定の事実が生じた後に，破産者や破産財団に対して債権を取得したとしても，この債権を自働債権として相殺に供することはできません (破産法72条)。

　この制限が，相殺の担保機能に対する期待の不存在を根拠とすることは，倒産後に債務を負担した場合と同様です。

❖相殺制限の除外事由

　相殺制限は，不公正，乱用的な相殺権行使を禁止する趣旨です。したがって，形式的に倒産後の債権取得や債務負担であっても，実質的に不公正や乱用といえない場合には相殺を認めるにやぶさかではありません。そこで，いくつかの除外事由が定められています (破産法71条2項，72条2項)。

　(1) 相続，不当利得などが原因で，破産債権者が法律上債務

の負担を強制される場合は相殺制限は適用されません。

債権の取得についても同様です。

破産債権者が意図的に相殺の状態を作り出したわけではないからです。

(2)債権，債務の発生原因が倒産状態を知る以前に既に発生していて，倒産後に条件が成就したなどの理由で相殺適状が生じた場合も相殺制限は適用されません。

債権，債務の発生原因が生じた時点で，相殺に対する正当な期待が生じているからです。

(3)破産手続開始の申立て時から1年以上前に生じた原因にもとづく場合，もはやその債権，債務について相殺権は制限されることはありません。

原因が生じてから1年も経過してなお相殺権を制限すれば，債権者の予期に反し取引の安全を害すると考えられるからです。

(4)破産者に対して債務を負担する者と破産者の間の契約による破産債権の取得の場合は相殺権が認められます。

金融機関が危機に陥った破産者からの要請に応じて救済融資を行い，この貸付金債権と預金返還債務との相殺を行う場合などが挙げられます。

....

破産法72条：破産者に対して債務を負担する者は，次に掲げる場合には，相殺をすることができない。

一　破産手続開始後に他人の破産債権を取得したとき。

二　支払不能になった後に破産債権を取得した場合であって，その取得の当時，支払不能であったことを知っていたとき。

三　支払の停止があった後に破産債権を取得した場合であって，その取得の当時，支払の停止があったことを知っていたとき。ただし，当該支払の停止があった時において支払不能でなかったときは，この限りでない。

四　破産手続開始の申立てがあった後に破産債権を取得した場合であって，その取得の当時，破産手続開始の申立てがあったことを知っていたとき。

相殺制限の除外事由

①法定の原因による債権取得，債務負担

②債権，債務の発生原因が支払不能・停止等を知る以前に存在
　していた場合

③債権，債務の発生原因が破産手続開始の申立てより１年以上
　前に生じていた場合

④破産者に対して債務を負担する者と破産者の間の契約による
　破産債権の取得の場合

❖**相殺権の行使方法**

　相殺権は破産管財人に対する意思表示によって行使します。
破産手続中で行う必要はありませんし（破産法 67 条 1 項），自
働債権を破産債権として届け出る必要もないと考えられていま
す。もちろん訴えによる必要もありません。

・・

破産法 72 条：②前項第二号から第四号までの規定は，これらの規定に規
定する破産債権の取得が次の各号に掲げる原因のいずれかに基づく場合に
は，適用しない。
一 法定の原因
二 支払不能であったこと又は支払の停止若しくは破産手続開始の申立て
があったことを破産者に対して債務を負担する者が知った時より前に生じ
た原因
三 破産手続開始の申立てがあった時より一年以上前に生じた原因
四 破産者に対して債務を負担する者と破産者との間の契約

[用語チェック]

〔 〕内に適当な語句を補って文章を完成させなさい。

ア：取戻権，または
一般の取戻権

□ 破産財団に属する財産につき，債権者が所有権その他の本権的な権利を主張して，その財産の返還を求める権利を〔ア〕といいます。

イ：特別の取戻権

□ 売買契約の売主や問屋が，買主に向けて物品を発送した後に買主が破産手続開始決定を受けた場合に，その物品を取り戻すことができる権利を〔イ〕といいます。

ウ：代償的取戻権

□ 債権者が〔ア〕を有しているが，破産管財人が既に目的物を処分してしまって破産財団に残っていない場合に，その債権者が現存している譲渡の対価や反対給付請求権の交付を請求する権利を〔ウ〕といいます。

エ：別除権

□ 破産財団に属する財産上に担保物権を有している債権者が，その担保権を破産手続によらずに実行する権利を〔エ〕といいます。

オ：取戻権

□ 譲渡担保の法的性質において担保の実質を重視する見解によれば，譲渡担保権者が破産した場合，設定者は〔オ〕を行使できます。

カ：別除権

□ 同じく譲渡担保の法的性質において担保の実質を重視する見解によれば，設定者が破産した場合，譲渡担保権者は〔カ〕を行使できます。

キ：特別

□ 〔エ〕は，〔キ〕の先取特権については認

められますが，〔ク〕の先取特権には認められません。

ク：一般

□ 〔エ〕を有する債権者は，担保権の実行によって弁済を得られなかった債権残額についてのみ，破産手続に加入して配当を受けることができます。この立法主義を〔ケ〕といいます。

ケ：残額責任主義，または不足額責任主義

□ 破産財団に対して債務を負担している破産債権者が，その債務と破産債権を対当額で決済する権利を〔コ〕権といいます。

コ：相殺

□ 〔コ〕権の行使によって消滅する対立した二つの債権のうち，〔コ〕権者が破産財団に対して有している方の債権を〔サ〕といい，〔コ〕権者が破産財団に対して負っている方の債権を〔シ〕といいます。

サ：自働債権

シ：受働債権

□ 一般に，相互に債権を有している者同志は，〔コ〕によって自己の債権を確実に回収できるという期待を有しています。これを〔コ〕の〔ス〕機能といいます。

ス：担保，または担保的

□ 〔サ〕と〔シ〕が民法上の〔コ〕を行うに適した状態になっていることを〔セ〕といいます。

セ：相殺適状

□ 民法上の〔コ〕を行うには，〔サ〕の〔ソ〕が到来している必要があるが，破産法上の〔コ〕権の行使には，〔サ〕の〔ソ〕が到来している必要はありません。

ソ：弁済期，または期限

□ 〔シ〕については，破産法上はもちろん民法上も，〔タ〕を放棄したうえで〔コ〕を行うことができます。

タ：期限の利益

●1● 否認権とは

　破産手続開始決定がなされると破産者の財産は破産財団の管理に移されますが，破産手続開始前は破産者は自分の財産を自由に処分することができるのが原則です。

　事実上の倒産状態に陥っても，破産手続開始決定がなされるまでは，法的には管理・処分権を失っていません。

　しかしこの原則を徹底すると，破産財団に帰属する財産はきわめて乏しくなり，破産債権者に十分な配当をすることが難しくなります。とくに倒産の前後には，債務者による財産隠しや特定の債権者への不公正な弁済などが行われることが少なくありません。このような行為を含め，破産手続開始前の債務者の処分行為や弁済が，不当に破産財団の充実を害する場合があることは一般的に認識されているところです。したがって，まだ破産手続開始決定がなされていないという一事をもって，その処分や弁済が常に効力が認められるとするのは妥当とは言えません。

　そこで，破産手続開始前であっても詐害的な処分行為や不公正な弁済行為などが行われた場合，破産管財人の求めに応じ，裁判上その行為の効力を否定して財産を破産財団に取り戻すことが認められています（破産法160条）。これを否認権といいます。

　否認権は，現行破産制度の中核に位置づけられる強力で重要な制度です。

❖詐害行為取消権と否認権

　否認権は，債務者の責任財産を減少させる取引行為が不当に行われた場合にその効果を否定する制度という点で，民法上の

詐害行為取消権と同じ思想基盤に立つ制度です（民法424条）。民法424条と破産法160条1項1号の条文を比較すると，両者の類似性がよくわかります。

　両者を比較してみた場合，詐害行為取消権が言うまでもなくあらゆる場面において妥当する私法上の一般的制度であるのに対し，否認権は，詐害行為取消権の要件や立証責任を倒産という局面に即して緩和したものと考えることが可能です。

　例えば，詐害行為取消権の成立には，①詐害的な取引によって債権者の責任財産が減少して債務の弁済に支障が生じるという無資力要件と，②取引の相手方が「債権者を害することを知って」取引行為を行ったという詐害の意思が必要とされます。

　これに対して，例えば否認権の一類型である偏頗行為の否認という制度は，支払不能後になされた弁済など責任財産を減少させる行為の効果を，相手方の詐害意思の有無にかかわりなく否定できることを特徴としています。

偏頗＝かたよる、不公平という意味の言葉です

··

破産法160条〔破産債権者を害する行為の否認〕次に掲げる行為（担保の供与又は債務の消滅に関する行為を除く。）は，破産手続開始後，破産財団のために否認することができる。
一　破産者が破産債権者を害することを知ってした行為。ただし，これによって利益を受けた者が，その行為の当時，破産債権者を害することを知らなかったときは，この限りでない。（後略）
民法424条〔詐害行為取消権〕債権者は，債務者が債権者を害することを知ってした行為の取消しを裁判所に請求することができる。ただし，その行為によって利益を受けた者がその行為の時において債権者を害することを知らなかったときは，この限りでない。

民法上の詐害行為取消権の内容 (民法 424 条)
①債務者が，取引によりその責任財産を全債務額に満たない程度にまで減少させ (無資力要件)，
②取引の相手方が，債務者が無資力に陥ることを知っていた場合に (詐害意思)，
裁判によってその行為の効力を否定する制度
＊否認権は，破産手続という局面において，詐害行為取消権の要件を緩和，拡張した制度といえる。

●2●
否認権の類型

　否認権が行使されると，破産債権者の利益は守られる一方，破産者の財産管理・処分の自由や，取引の相手方および弁済者の利益は犠牲にされることになります。

　なんでもかんでも否認権を行使されたのでは，とくに取引の相手方はたまりません。

　そこで，破産法は，破産債権者を害する行為 (詐害行為) と特定の債権者に対する担保の供与等 (偏頗行為) の否認の2類型に分けたうえで，さらに場合分けをして否認が許される要件に差を設けています。

❖詐害行為の否認 (破産法 160 条)

(1)故意否認

　倒産前後以外の時期になされた詐害的行為については，一般的には詐害性の度合いも低く，債務者の自由や取引の安全も考慮する必要があります。また，弁済行為について言えば，そも

そも倒産前後の特殊な時期を除けば，債務の弁済を行うことは債務者にとって当たり前の行為です。

したがって，このような時期に行われた処分や弁済が詐害性や不公正性を有するかどうかは，行為の客観的な要素だけで判断することができません。結局，弁済を受けた者や取引の相手方が，詐害の意思を有していたかどうかという主観的な事情が決め手となります。この場合の否認権行使を故意否認といいます（破産法160条1項1号）。

故意否認は，その要件において民法の詐害行為取消権に近いものですが，詐害意思の立証責任が転換されている点などにおいて，なお詐害行為取消権よりも要件が緩和されていると言えます。

(2)危機時期の詐害行為の否認

否認権行使の必要性が最も強く求められるのは，なんといっても債務者が事実上の倒産状態に陥った前後です。倒産危機に直面した債務者が，あわてて財産を家族名義にしたりすることは珍しくありませんね。

この場合に行使される否認権は，民法の詐害行為取消権と比較した場合，無資力要件や詐害意思要件が著しく緩和されています（破産法160条1項2号）。この時期においては，詐害行為をする債務者（破産者）はその詐害性を認識しているのが通常だからです。

(3)無償否認

債務者が事実上の倒産状態に陥った前後にする行為の中でも，自身の財産を無償で譲渡する行為はより詐害性が高いのは当然で，否認権行使もより広範に認められてしかるべきです。この

場合の否認権を無償否認といい，より要件が緩和されています（破産法160条3項）。

❖偏頗行為の否認（破産法162条）

詐害行為とは別に，既存の債務の担保のために抵当権・質権・譲渡担保などを設定したり，弁済などをすることも否認の対象とされています。支払不能後においてそのような行為をすることは，債権者間の公平を害するためです。

●3●
否認権の一般的成立要件

以上のように，否認権は複数の類型に分けて規定されているのでその成立要件を一般的に論ずることは容易ではありません。

しかし，各類型における成立要件を要素に分解し，複数の類型に共通する要素を考えることは，理解の助けとなります。

❖客観的要素

否認権の成立は，①債務者の責任財産の減少，あるいは②破産手続の理念である債権者間の公平の阻害，のいずれかの結果が客観的に生じることをその要素としています。

この責任財産の減少や債権者間の公平の阻害は，必ずしも破産者の行為の結果として生ずる必要はなく，債権者や第三者の行為の結果であっても構わないと考えられています。ただし，後述の故意否認については，破産者の詐害意思が要件として必要とされる以上，破産者が関与しない行為について否認権が成立する余地はありません。

危機時期の詐害行為の否認と無償否認，偏頗行為の否認については，破産者が関与しない結果についての否認権行使が認め

られます。

❖主観的要素

　否認権の成立に破産者やその取引相手の内心状態が問題となる場合としては，①客観的要件の存在を認識していること＝詐害意思を必要とする場合，②債務者につき支払停止や破産手続開始の申立てがなされたことの認識を必要とする場合，③何らの主観的認識も不要，の3パターンがあります。

　一般的成立要件の要素
　Ⅰ．客観的要素
　　①詐害行為＝破産者の責任財産を減少させる行為
　　②偏頗行為＝破産債権者間の公平を害する行為
　Ⅱ．主観的要素
　　①詐害意思＝詐害行為性や偏頗行為性の認識
　　②支払停止や破産手続開始の申立ての事実の認識
　　③何らの主観的認識も不要

●4●
故意否認の要件

　特に時期を限定することなく，破産者によってなされた過去の詐害行為を否認するものです（破産法160条1項1号）。

　客観的要件として，財産の安売りなど破産者の総財産を減少させる詐害行為がなされる必要があります。

　主観的要件としては，まず破産者自身が，詐害意思（＝財産減少を認識していたこと）以上の心理状態を有していたことが

必要です。

　次に，行為の相手方＝受益者が，取引時に詐害性を認識していた＝悪意であったことも要件となります。

　故意否認でこのような主観的要件が必要とされるのは，時期を問わず行使される可能性がある否認権であるためです。

　つまり，破産者の財産処分の自由や取引の安全といった利益と衝突する可能性を含んでいるので，これらの利益を犠牲にしても否認権行使を正当化できるだけの根拠が必要だからです。

故意否認
Ⅰ．客観的要件
　詐害行為がなされたこと。
Ⅱ．主観的要件
　①破産者に詐害意思があること。
　②受益者が悪意であること。

❖客観的要件と主観的要件の関連

　この客観的要件と主観的要件とは，それぞれ別個に独立して判断されるのではなく，相関的ないし総合的に判断されるべきものと考えられています。つまり，客観的には行為の詐害性が少ないが詐害の意思が悪質である場合には，故意否認の成立が認められます。

　一方，客観的には詐害性の高い行為でも，主観的に必要に迫られてやむを得ずしたという事情がある場合には，総合的に故意否認が成立しない場合があると考えられています。

　このような要件相関的ないし総合的な否認権成立の判断を，

「不当性，正当性」という言葉で説明する場合があります。

　このような総合的判断によって否認の成否を規定しているケースとして，いわゆる適正価格売却の例を取りあげてみます。

★適正価格による売却

　破産者が客観的に相当な価格で財産を売却した場合，その財産が現金や債権に形を変えるだけで，責任財産の総額に計算上の増減はありません。そうであれば，適正価格の売却行為には，常に詐害行為性という客観的要件が欠け，否認権は成立しないとも考えられます。しかし，否認権の成否は，主観的要件との相関により総合的に判断されます。

　不動産を金銭へ換価するなどしてそれを隠匿等するおそれがあり，破産者に隠匿等の意思があり，相手方もそのことを知っていた場合には否認権が成立することになります（破産法161条1項）。　改正により判例が条文化されています

●5●
危機時期の詐害行為の否認

　破産者の支払停止や破産手続開始の申立て後の，責任財産を減少させる詐害行為を否認権の対象とするものです（破産法160条1項2号）。客観的要件としては，破産債権者を害する行為であることが必要です。

　主観的要件としては，破産者の詐害意思は不要です。一方，債権者が支払停止等があったこと・詐害の事実を知らなかったことを主張・立証すれば否認権の行使は認められません。

　旧法では，責任財産を減少させる行為ばかりでなく，一部の債権者に対する不公正な弁済（偏頗行為）も否認の対象とし，この類型を危機否認と呼んでいました。

しかし新法は，偏頗行為については詐害行為と別に規定を設け，否認対象行為の時期をさらに遡らせることで，より実質的に否認権を認めています（破産法162条）。

危機時期の詐害行為の否認
I. 客観的要件
　支払停止または破産手続開始の申立て後の破産債権者を害する行為
II. 主観的要件
　破産者の詐害意思は不要。
　＊受益者が支払停止等があったこと・詐害の事実を知らなかったことを主張・立証すれば否認権の行使は認められない。

なお，破産者がした債務の消滅に関する行為（弁済など）は，通常は詐害行為に当たりません。債務者が弁済期において債務の本旨に従って弁済を行うことは，契約上の義務に基づくもので，至極当然のことです。

しかし，「債権者の受けた給付の価額が当該行為によって消滅した債務の額より過大」である場合（代物弁済の場合など）は，詐害行為と同視できるので，160条1項1号または2号に該当するときは，その債務額を超える債務額について否認できるとされています（破産法160条2項）。

●6●
無償否認の要件

　倒産と前後して，破産者が贈与，免除，権利放棄などの無償

行為を行うことは，きわめて詐害性が高いと言えます。したがって，詐害行為の成立期間が支払停止等があった後またはその前6か月以内に拡張されると共に，一切の主観的要件が不要とされています（破産法160条3項）。

　形式的に売買契約などの形を取ったとしても，対価が著しく低額で名目的なものにすぎない場合には，無償行為と同様に扱われます。

無償否認

Ⅰ. 客観的要件

　破産者の無償行為，または無償と同視しうる有償行為が，支払停止等があった後またはその前6か月以内になされたこと。

Ⅱ. 主観的要件

　不要。

破産法160条〔破産債権者を害する行為の否認〕②破産者がした債務の消滅に関する行為であって，債権者の受けた給付の価額が当該行為によって消滅した債務の額より過大であるものは，前項各号に掲げる要件のいずれかに該当するときは，破産手続開始後，その消滅した債務の額に相当する部分以外の部分に限り，破産財団のために否認することができる。
③破産者が支払の停止等があった後又はその前六月以内にした無償行為及びこれと同視すべき有償行為は，破産手続開始後，破産財団のために否認することができる。

偏頗行為の否認の要件

　破産者の支払不能後または破産手続開始の申立て後に行われた，一部債権者への弁済や担保提供などの偏頗行為を否認権の対象とするものです（破産法162条）。

　弁済期が到来している債務の履行や，契約上の義務に基づく担保提供であっても，客観的に破産債権者間の公平を害する行為と認められれば否認の対象になります。

　なお，偏頗行為否認は，その根拠となる支払不能または破産手続開始申立てにもとづいて破産手続開始決定がなされた場合にのみ認められます。

　また，新規債務についての担保の供与や債務消滅行為は否認の対象になりません（破産法162条1項柱書）。

　そして主観的要件としては，受益者である債権者が支払不能・停止または破産手続開始の申立てがあったことにつき悪意である必要があります。

　この悪意の証明責任は破産管財人にありますが，(1)相手方が破産者の役員や親族等の場合(2)弁済期が到来していたり担保提供義務があるわけでもないのに，一部債権者に弁済や担保

破産法162条〔特定の債権者に対する担保の供与等の否認〕次に掲げる行為（既存の債務についてされた担保の供与又は債務の消滅に関する行為に限る。）は，破産手続開始後，破産財団のために否認することができる。
一　破産者が支払不能になった後又は破産手続開始の申立てがあった後にした行為。ただし，債権者が，その行為の当時，次のイ又はロに掲げる区分に応じ，それぞれ当該イ又はロに定める事実を知っていた場合に限る。
イ　当該行為が支払不能になった後にされたものである場合　支払不能であったこと又は支払の停止があったこと。
ロ　当該行為が破産手続開始の申立てがあった後にされたものである場合　破産手続開始の申立てがあったこと。（後略）

提供等の偏頗行為がなされた場合，には債権者の悪意が推定されます。

(1)のように倒産した者が親族や内縁の者に財産の名義を移すことはしばしば行われる詐害行為類型なので，否認権行使の際の立証負担を軽減したのです。

(2)の推定は，破産者に義務がないにもかかわらず一部の債権者を利する行為がなされるのは，通常よりも公平阻害性が高いためです。そのため，支払不能になる前30日内になされた行為についても，例外的に否認が認められています（破産法162条1項2号）。

偏頗行為の否認 (破産法162条)
Ⅰ. 客観的要件
　支払不能または破産手続開始の申立て後の，一部債権者への弁済や担保提供などの偏頗行為が対象
Ⅱ. 主観的要件
　相手方が，支払不能・停止や破産手続開始の申立ての事実を認識していたこと
＊破産管財人の立証負担軽減規定あり

●8● 否認権の要件の特則
❖手形上の支払いの否認

　破産者が手形の振出人等として支払いを行った場合には，仮にその支払いが偏頗行為に該当したとしても，破産管財人は否認権を行使することはできません（破産法163条1項）。

仮に否認権の行使を認めると，いったん有効になされた手形の支払いの効力が後になって否定されることになります。その場合手形金の支払いを受けた手形所持人は，手形金を返還しなければならないばかりでなく，他の手形債務者への遡及権も喪失することになってしまいます。破産者によって手形の支払いが拒絶されたわけではないからです。

これでは到底安心して手形請求を行うことはできないため，手形取引の安全のためにこのような規定が設けられています。

❖対抗要件具備行為の否認

登記や引渡しといった物権変動についての対抗要件の具備行為それ自体も，否認権行使の対象となります。対抗要件具備行為は，権利の移転を対外的に確定確実にする重要な行為だからです。

しかし，一方で対抗要件の具備は本来の権利移転行為を補う補助的な行為だとも言えるため，権利移転と対抗要件具備が時期的に密着してなされた場合には，わざわざ対抗要件具備だけを独立して否認権の行為とする必要はありません。本体とも言える権利移転行為それ自体を否認すればよいからです。

すなわち，対抗要件具備行為が権利移転行為から15日以内になされたときは，対抗要件具備行為だけを否認することは認められません（破産法164条）。

一方，権利移転行為行為から15日以上経過し，かつ支払停止等後に悪意でなされた登記や引渡しといった対抗要件具備行為は，独立した否認権行使の対象となります。

破産法173条〔否認権の行使〕①否認権は，訴え，否認の請求又は抗弁によって，破産管財人が行使する。

❖執行行為の否認

　否認しようとする行為について債務名義があるとき，または
その行為が執行行為に基づくものであるときでも，否認権の行
使は可能です（破産法165条）。支払停止後や破産手続開始後に
債権者が行う強制執行は，債権者間の公平を害するといえ，偏
頗行為の否認の対象にできます。

否認権の特則
①手形上の支払いの否認
②対抗要件具備行為の否認
③執行行為の否認

●9●
否認権の行使方法

❖行使権者

　否認権を行使することができるのは破産管財人に限られます
（破産法173条1項）。破産債権者や破産者は否認権を行使する
ことはできません。ただし，破産管財人の追行する否認訴訟に
補助参加することは可能です。

❖行使の方法

　否認権の行使は，訴えを提起するか，既存の訴訟の中で抗弁
として主張するか，いずれにしても裁判上行使される必要があ
ります（破産法173条1項）。

　否認権を行使するために訴えを提起した場合，その訴えは否
認の訴えと呼ばれます。

抗弁として主張するとは，例えばある債権者が取戻権を主張して破産管財人相手に訴訟を提起した場合に，被告である破産管財人がその訴訟中で，その債権者と破産者との間でなされた所有権移転行為等を否認するような場合です。

❖行使の相手方

否認権は，破産者が弁済をしたり取引を行った相手方を対象として行使するのが原則です。

この相手方を，**受益者**といいます。

受益者が受けた財産や利益がさらに第三者に移転している場合には，この第三者を相手取って否認権を行使することが可能です。

この第三者を，**転得者**といいます。

ただし，転得者は詐害行為や偏頗行為との関わりが間接的ですので，その取引安全についても配慮する必要があります。したがって，転得者に対する否認権行使は，転得者が否認原因について悪意であるなど，否認の効果を及ぼされてもやむを得ない一定の事情が転得者に存在する場合に限られています（破産法170条1項各号）。

転得者に対して否認権行使が可能な場合（破産法170条1項）
①**転得者が否認原因について悪意のとき（1号）**
　＊転得者が破産者の親族や同居者である場合は，悪意の立証責任が転換される（2号）
②**転得者が無償行為やそれと同視できるわずかな対価で財産を取得し，否認の原因があるとき（3号）**

●10●
否認権の効果

　否認権が行使され裁判で認められると，破産者が行った弁済や財産の処分などの行為は当初にさかのぼって無効となり，財産などの所有権は当然に破産財団に復帰します（破産法167条1項）。

　否認権の行使は，債権的効力にとどまらず，物権的効力があることになります。

　破産財団に復帰させるべき財産が，既に受益者や転得者に存在しない場合には，目的物の返還の代わりに価額の償還を求めることができます。また，破産者が受益者から譲渡の対価などを受け取っていた場合には，その譲渡契約などが無効とされることにより，これら反対給付として受けた物や価額を返還する必要があることは当然です（破産法168条1項・2項）。

....

破産法167条〔否認権行使の効果〕　否認権の行使は，破産財団を原状に復させる。
②第百六十条第三項に規定する行為が否認された場合において，相手方は，当該行為の当時，支払の停止等があったこと及び破産債権者を害する事実を知らなかったときは，その現に受けている利益を償還すれば足りる

[問題]

次の各記述の正誤を述べなさい。

ア）否認権とは，破産手続開始決定の以前に行われた弁済や譲渡な
どの行為の効力を否定し，財産を破産財団に取り戻す制度です。

イ）破産管財人の他，破産債権者や破産者自身も否認権を行使でき
ます。

ウ）否認権と類似の制度に民法424条の詐害行為取消権があります
が，否認権は詐害行為取消権よりもより強力で広汎な制度です。

エ）否認権の制度趣旨は，民法上の詐害行為取消権と同様債務者の
責任財産の減少を回復することに尽き，破産手続における債権者
間の公平性とは直接の関連性はありません。

オ）否認権には故意否認をはじめ複数の類型がありますが，詐害行
為取消権と同様，いずれにおいても債務者の無資力要件と詐害意
思が必要とされます。

カ）支払停止や破産手続開始の申立て以前の行為は，故意否認の対
象となります。

キ）無償否認が成立するには，破産者の贈与その他の無償行為等が，
支払停止等があった後またはその前6か月以内に行われた取引で
あることを相手方が知っていたことが必要です。

ク）債務者が，支払停止や破産手続開始前に個々の債権者に債務の
本旨に従った弁済を行うのは当然の義務であるから，このような
本旨弁済行為について故意否認が成立することはありません。

ケ）破産者が支払停止や破産手続開始前に，時価相当の価格で不動
産などの財産を売却したとしても，責任財産の価額に数字上の減
少はないから，故意否認が成立することはありません。

コ）否認権は，破産者が受益者との間で行った取引行為や弁済行為
だけが対象です。債権者や第三者が単独で行った行為については，
それが破産財団の減少や債権者間の公平阻害をもたらすものであっ

ても，否認権の対象となる余地はありません。

サ）否認権が行使できるのは，破産者の直接の取引相手や弁済相手
　　である受益者に対してのみであり，受益者から財産が第三者に移
　　転された場合は，もはや否認権を行使する余地はありません。

シ）否認権は，裁判外の意思表示によっても，これを行使すること
　　ができます。

ス）否認権が正当に行使された場合，否認の対象とされた行為は始
　　めにさかのぼって無効となり，受益者等に移転した財産権は法律
　　上当然に破産財団に復帰します。

［解答］

ア）正：破産制度において最も中核的で強力な制度です。

イ）誤：否認権を行使できるのは破産管財人だけで，破産債権者や
　　破産者には行使権はありません。

ウ）正：詐害行為取消権よりも対象範囲が広く，要件や立証責任も
　　緩和されています。

エ）誤：責任財産の回復と共に，破産債権者間の公平性を害する行
　　為＝偏頗行為の効力を否定することも，否認権の大きな役割です。

オ）誤：故意否認においては破産者の詐害意思を必要としますが，
　　その他の類型は詐害意思を必要としません。

カ）誤：故意否認は詐害行為のみを対象としています（破産法160
　　条1項柱書）。既存の債務についてされた担保の供与や弁済は偏
　　頗行為による否認の対象になります。

キ）誤：無償否認の成立には，破産者やその無償行為等の相手方の
　　主観的要件を必要としません。純然たる客観的要件のみで成立し
　　ます。

ク）誤：通常は詐害行為に当たりません。しかし，「債権者の受け
　　た給付の価額が当該行為によって消滅した債務の額より過大」で
　　ある場合，その債務額を超える債務額について否認できる場合が

あります (破産法 160 条 2 項)。

ケ) 誤：相当価額での財産の売却も，不動産を金銭へ換価するなど
してそれを隠匿等するおそれがある場合など，一定の要件を満た
す場合には否認権が成立することになります (破産法 161 条 1 項)。

コ) 誤：破産者自体は関与しない債権者や第三者の単独行為であっ
ても，故意否認以外の類型では成立の余地があるとするのが近時
の支配的な見解です。なお，強制執行については特に規定が設け
られています (破産法 165 条)。

サ) 誤：転得者に対しても，その悪意などを要件として否認権を行
使して財産の返還やそれに代わる価額の償還を請求することがで
きます (破産法 170 条 1 項)。

シ) 誤：否認権の行使は，訴えを提起するか，既存訴訟における抗
弁として主張するか，いずれにしても裁判上主張される必要があ
ります。

ス) 正：否認権の行使は，物権的効力を有すると考えられています。

10 時間目
破産者の再出発
免責・復権

はじめに

　これまで，破産法の大きな目的のひとつである破産者財産の公平な分配を中心に手続を概観してきました。ここからは，破産手続のもう一つの大きな目的である，破産者の再起について説明をします。

　破産者の再起制度は，破産者をそれまでの債務の負担から解放する免責制度と，破産手続開始決定によって課せられた各種の制限から回復させる復権制度から成ります。

　これに加え，以前は，破産手続を全うして免責制度を適用するまでもなく再起が可能な企業について，破産手続の中途で破産手続による債務の整理を中断し強制和議に移行することが認められていました。しかし，現在は民事再生法や会社更生法の整備により存在意義が失われたため，強制和議についての条文は削除されています。

●1●
免責制度の意義

　破産手続によって破産手続開始時の破産者の財産を債権者間で分配したとしても，それが全債権者に対する全債務を消滅させるに足りることはまずありません。少なくとも自然人の場合は，通常全債務額の50%以上が残債務として残ります。

　この場合に，債権者が破産者に対して何がなんでも完済させることを認めるのであれば，破産者は残債務について長期にわたる支払いを余儀なくされることになります。

　実際かつては，残債務についての権利行使は債権者の意思に委ねられ，法的には債務者の責任が免除されることはありませんでした。しかしこれでは，いつまでたっても債務者は法的に

拘束されたままであり，事実上生涯にわたって自由な経済活動ができないばかりか，社会的にも大きな負担・損失となります。

結局，国家が生活保護などによりこれらの者を扶助する可能性が高くなり，財政負担も大きくなります。

そこで，現行の破産法は，破産手続の終了を一つの区切りとして，一定の要件のもとで残債務についての責任を免除することを認めています。これを免責制度といいます。

要するに残債務をチャラにするという，ある意味で劇的な制度です。

●2●
免責の要件

免責の要件は，免責申立が不許可となる場合を掲げるという形式で定められています。この不許可事由に該当するのでなければ，原則として免責が決定されなければなりません。免責許可が原則で，免責不許可が例外という建前になっています。

免責の不許可事由は，破産者が債権者に対して詐欺的な取引をしたり，破産裁判所に虚偽の陳述をするなど，不誠実な行為をしたことがその中心とされています（破産法252条1項各号）。

★免責決定における裁判所の裁量

本来破産裁判所は，免責申立があった場合，免責不許可事由が存在しない限り債権者が配当を受けたかどうかに関わりなく，免責を許可する決定をしなければならないとされます。しかし実務上は，いわゆる消費者破産が同時廃止で終了した場合，破産者の自由財産から債権者に一部弁済を行わせる扱いがかなり広まっていると言われています。これは任意弁済とか自主配当などと呼ばれます。

免責の不許可事由 (破産法 252 条 1 項)

①債権者に不利益な処分や破産財団の価値を不当に減少させる行為 (1 号)

②著しく不利益な条件で債務負担したり信用取引により買い入れた商品を処分する行為 (2 号)

③不当な偏頗行為 (3 号)

④浪費等または射幸行為 (4 号)

⑤詐術による信用取引 (5 号)

⑥帳簿隠滅などの行為 (6 号)

⑦虚偽の債権者名簿提出行為 (7 号)

⑧裁判所への調査協力義務違反行為 (8 号)

⑨管財業務への妨害行為 (9 号)

⑩7 年以内の免責取得など (10 号)

⑪破産手続上の義務違反行為 (11 号)

　消費者破産や自己破産の多くは，もっぱら免責を得ることのみを目的として申し立てられ，実際上も破産財団とすべき財産はほとんどないので，法的な配当がなされることはほとんどありません。そして自由財産は破産財団に属しませんから，法的には配当の原資とすることはできません。

　このような場合に，破産者に自由財産からの一部弁済を促し，それがなされるまでは免責決定を留保することによって，実質的な配当がなされたのと同じ効果を作り出そうとすることがこのような扱いの意図と言えます。このような扱いが広まっている背景には，債権者に配当がなされないにもかかわらず，破産者に免責の利益が与えられることが常態化すれば，法的義務や

その公平性に対する社会モラルを低下させる可能性があり好ましくないとの判断があると思われます。

　一方，不許可事由に該当する事実があっても，それが積極的に破産者の不誠実性をしめすとは言えず，総合的に判断して免責を許可すべきという考えに至った場合には，免責許可の決定をすることができます（破産法252条2項）。

　結局，破産裁判所には，免責決定をなすについてのある程度の裁量があると考えられ，そうでなければこのような取り扱いをうまく説明することはできません。

●3● 免責手続の開始と審理

　免責手続は，一応破産手続とは別個の独立した手続という建前がとられています。しかし，個人債務者が自ら破産手続開始の申立てをする場合，それは破産免責を得るためであることがほとんどです。

　そのため，新法では，個人である債務者が破産手続開始の申立てをした場合，反対の意思を表示していない限り，破産手続開始の申立てと同時に免責許可の申立てをしたものとみなされることになりました（破産法248条4項）。

❖申立

　破産手続開始の申立てをされた個人債務者は，その申立てがあった日から破産手続開始決定が確定した日以後1か月を経過する日までの間に，裁判所に対し免責許可の申立てをすることができます（破産法248条1項）。

　また，破産者の責めに帰することができない事由により，期間内に免責許可の申立てができなかった場合は，その事由がや

んだあと1月内ならば申立てをすることができます（破産法248条2項）。

❖審理

免責申立がなされると破産裁判所は，破産管財人に免責不許可事由の有無または裁量許可すべき事情の有無を調査させ，その結果を書面で報告させることができます。

破産手続開始の決定後，裁判所は，破産者に免責許可の決定をすることの当否について，破産管財人および破産債権者が意見を述べる期間を定めなければなりません（破産法251条1項）。

また，裁判所も自ら調査することができ，破産者はこれらの調査に協力する義務があります。

審理の結果なされた免責の許可・不許可の決定に対し，不服のある利害関係者は即時抗告を行うことができます（破産法252条5項）。

●4●
免責の効果

免責の決定が確定すると，配当後残っていた債務についての破産者の責任が消滅します。

ただし，破産者の故意に基づく不法行為による損害賠償責任など，責任を免除するのが相当とは言えない一部の種類の債務については，引き続き履行責任が残ります（破産法253条1項ただし書各号）。また，免責はひとり破産者の責任に関する限りのものであり，連帯債務者や保証人などの責任に影響することはありません。また，責任の免除は絶対的なものではなく，後に免責を不相当とする事情が判明したときは，免責決定が取り消され，破産者の責任が復活することもあります（破産法254

条1項)。これを免責の取消といいます。

●5●
復権

　破産手続開始決定と共に，破産者にはその自由や資格について各種の制限が課せられていましたね。居住制限，通信の秘密の制限，職業資格などの制限などです。

　これらの制限のうち，居住制限や通信の秘密の制限などは，破産手続上の要請による制限なので，その自由は破産手続の終了と共に当然に回復されます。復権という概念で説明するまでもありません。

　これに対して，各種職業資格等の制限は，破産者の財産管理能力を疑わせる事実があったという根拠によってなされるものなので，破産手続が終わったら当然に回復するという性質のものではありません。

　これらの資格が回復されるのは，破産手続終了後の何らかのきっかけが必要とされています。これを復権というのです。

❖当然復権

　免責許可決定が確定するなど，法律上定められた原因が生じたときは，別段の申立などを必要とせずに当然に復権が行われます（破産法255条1項1号）。

❖申立による復権

　当然復権事由に該当しない場合でも，破産者が全破産債務について，弁済や免除などでその責任を免れたときは，破産裁判所の決定による復権を申し立てることができます（破産法256条1項)。

[用語チェック]

〔 〕内に適当な語句を補って文章を完成
させなさい。

□ 破産手続によって配当がなされなかった
残債務について，破産者の責任を法的に免
除する手続を〔ア〕手続といいます。　ア：免責

□ 〔ア〕手続は，破産手続とは形式上別個
の手続とされているが，〔イ〕が破産手続
開始の申立てをした場合，それと同時に
〔ア〕の申立てをしたものとみなされます。　イ：個人債務者（破産者）

□ 〔ア〕の申立は，破産手続開始の申立て
があった日から開始決定が確定した日以後
〔ウ〕を経過する日までの間にすることが
できます。　ウ：1カ月

□ 〔エ〕手続では，裁判所から破産管財人
や〔オ〕に意見申述期間が与えられます。　エ：審理　オ：破産債権者

□ 破産裁判所は，〔エ〕の結果破産法に定
める〔カ〕がないと認める場合のほかは，
〔ア〕許可決定を出さなければなりません。　カ：免責不許可事由

□ 〔ア〕の許可，不許可の決定に対して不
服のある利害関係人は，〔キ〕の方法によ
る上訴を行うことができます。　キ：即時抗告

□ 〔イ〕が，破産手続開始決定によって受
けていた資格制限から解放されることを
〔ク〕といいます。　ク：復権

巻末付録

- ●法の系統樹
- ●倒産手続
- ●破産手続

法の系統樹

社　会　法

健康保険法

労働基準法　労働組合法

民　事　法

民　法　民事訴訟法

商　法　会社法

手形法

小切手法

破産法

刑　事　法

刑事訴訟法

刑　法

破壊活動防止法

行　政　法

都市計画法

行政事件訴訟法

内閣法

裁判所法

国会法

皇室典範

経　済　法

独占禁止法

銀行法

外為法

日本国憲法

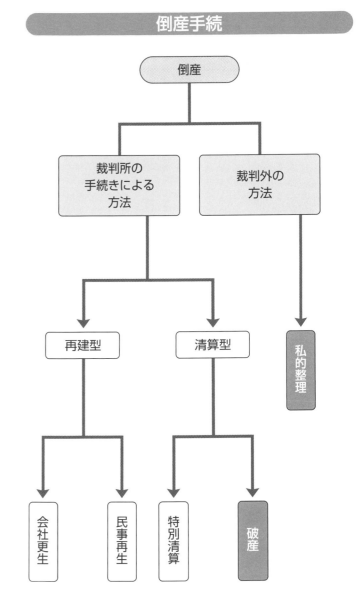

破産手続

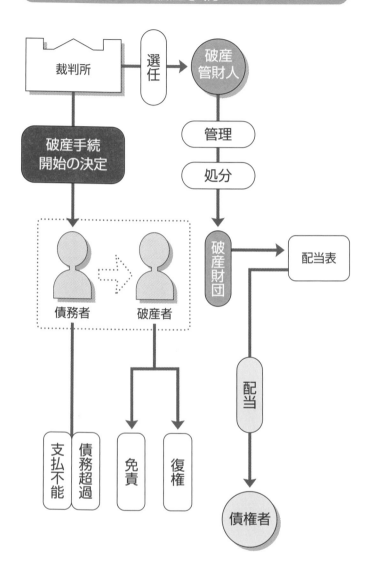

著　　者　　プ　ロ　フ　ィ　ー　ル

尾崎哲夫 (Ozaki Tetsuo)

1953 年大阪生まれ。1976 年早稲田大学法学部卒業。2000 年早稲田大学大学院ア
ジア太平洋研究科国際関係専攻修了。2008 年米国ルイス・アンド・クラーク法科
大学院留学。
松下電送機器㈱勤務，関西外国語大学短期大学部教授，近畿大学教授を経て，現
在研究・執筆中。
主な著書に，「ビジネスマンの基礎英語」(日経文庫)「海外個人旅行のススメ」
「海外個人旅行のヒケツ」(朝日新聞社)「大人のための英語勉強法」(PHP 文庫)
「私の英単語帳を公開します!」(幻冬舎)「コンパクト法律用語辞典」「法律英語用
語辞典」「条文ガイド六法　会社法」「法律英語入門」「アメリカの法律と歴史」
「アメリカ市民の法律入門 (翻訳)」「はじめての民法総則」「はじめての会社法」
「はじめての知的財産法」「はじめての行政法」「はじめての労働法」「国際商取引
法入門」(自由国民社) 他多数がある。
[Blog] http://tetsuoozaki.blogspot.com/
[E-Mail] ted.ozaki@gmail.com
[Web] http://www.ozaki.to

About the Author
Ozaki Tetsuo, born in Japan in 1953, was a professor at Kinki
University.
Graduating from Waseda University at Law Department in April
1976, he was hired as an office worker at Matsushitadenso
(Panasonic group). He graduated from graduate school of Asia-
Pacific Studies at Waseda University in 2000. He studied abroad at
Lewis & Clark Law school in the United States in 2008. Prior to
becoming a professor at Kinki University he was a professor at
Kansaigaikokugo college (from April 2001 to September 2004).
He has been publishing over two hundred books including,
A Dictionary of English Legal Terminology, Tokyo : Jiyukokuminsha,
2003
The Law and History of America, Tokyo : Jiyukokuminsha, 2004
An introduction to legal English, Tokyo : Jiyukokuminsha, 2003
English Study Method for Adults, Tokyo : PHP, 2001
The Dictionary to learn Legal Terminology, Tokyo : Jiyukokuminsha,
2002
The first step of Legal seminar series (over 20 books series),
Tokyo : Jiyukokuminsha, 1997〜
The Fundamental English for business person, Tokyo :
Nihonkeizaishinbunsha (Nikkei), 1994
The Recommendation of Individual Foreign Travel, Tokyo :
Asahishinbunsha, 1999
The Key to Individual Foreign Travel, Tokyo : Asahishinbunsha, 2000
Master in TOEIC test, Tokyo : PHP, 2001
Basic English half an hour a day, Tokyo : Kadokawashoten, 2002
I show you my studying notebook of English words, Tokyo :
Gentosha, 2004

American Legal Cinema and English, Tokyo : Jiyukokuminsha, 2005, and other lots of books.

He has also translated the following book.

Feinman, Jay, *LAW 101 Everything you need to know about the American Legal System*, England : Oxford University Press, 2000

＊These book titles translated in English. The original titles are published in Japanese language.

［3日でわかる法律入門］

はじめての破産法

2006年12月20日　初版発行
2020年3月6日　第5版第1刷発行

著　者——尾崎哲夫

発行者——伊藤　滋

印刷所——横山印刷株式会社

製本所——新風製本株式会社

発行所——株式会社自由国民社

〒171-0033 東京都豊島区高田3—10—11
TEL 03(6233)0781(代) 振替 00100-6-189009
http://www.jiyu.co.jp/